黄西——著

幽默是最高级的智慧！

天津出版传媒集团
天津科学技术出版社

本书配有智能阅读助手，
为您1V1定制《有梗》阅读计划

1 高效阅读 帮您快速学会幽默的窍门。
2 轻松阅读 享受阅读时光，了解黄西对幽默的见解。
3 深度阅读 让自己的生活充满幽默气息。

图书在版编目（CIP）数据

有梗 / (美) 黄西著. -- 天津 : 天津科学技术出版社, 2020.7
ISBN 978-7-5576-8234-7

Ⅰ. ①有… Ⅱ. ①黄… Ⅲ. ①幽默(美学) – 口才学 Ⅳ. ①H019

中国版本图书馆CIP数据核字(2020)第112647号

有梗
YOU GENG

责任编辑：刘　颖

出　　版：天津出版传媒集团
　　　　　天津科学技术出版社
地　　址：天津市西康路35号
邮　　编：300051
电　　话：（022）23332372
网　　址：www.tjkjcbs.com.cn
发　　行：新华书店经销
印　　刷：北京中科印刷有限公司

开本710×1000　1/32　印张7.25　字数70 000
2020年7月第1版第1次印刷
定价：49.80元

谨以此书献给金妍和黄晋，你们是我的幸福，献给我亲爱的父母和家人，献给所有幽默和喜欢幽默的人。

推荐序一

幽默的心,勇敢的人

黄西在美国做脱口秀,好比在关公面前耍大刀。

但是,关公开心地笑了。

作为地域文化的一种,美国脱口秀和中国的喜剧、相声是不一样的。

首先,脱口秀的内容必须是原创的。所以脱口秀主持人要签创作公司并按合约给予对方酬劳。作者们罢工了,脱口秀节目也跟着停播。这说明创作一段好的脱口秀没有那么容易。

其次，脱口秀表演也有约定俗成的规矩，即说完后要等着观众回应。观众笑了证明你成功了，你和观众都知道。观众没笑证明你失败了，观众和你也都知道。

脱口秀表演遭遇冷场，是一件非常残酷的事情。相声的包袱不响是允许掩饰过去的。这就是两种不同的文化，就像两边的合同范本，美国的总是想得太周到，导致合同凶巴巴的，一点儿也不好看。

黄西回国，很多人看不懂。美国市场好不容易接纳你，为什么不一往无前。我分析是他想推广这种脱口秀文化。

脱口秀不是一笑了之，它分析社会现象，参与社会问题评判，为目标人群争取利益，同时还

必须逗你笑。这种艺术的真谛就是自己找罪受,自己和自己过不去。

没有多少人理解黄西。

我算一个,还不知道理解得对不对。

崔永元

写于 2020 年 5 月

推荐序二

酒窝不醉人，人自醉

我与黄西相识于《是真的吗？》这档节目。在节目中，我们是配合默契的"都有酒窝"搭档，借助幽默风趣的语言对网络中大家关注的热点话题进行专业验证与权威实验。新颖的风格、贴近百姓的话题，以及优秀严谨的栏目制作团队，让这档节目备受好评。

节目开场秀中，黄西总是金句连连，笑点频频，逗得观众捧腹。但这看似轻松易得的"笑果"背后，其实是他与团队同人反复打磨精心酿造的脑力付出，凝结着对生活的观察与思考、对人生的态度与主张，"笑果"的取得很是不易。

我很认同这本书中提到的一句话："幽默可以后天习得。"我想这会很大地激励那些渴望变得更有智慧、更会表达、更具魅力的人，去积极地学习与改变，最终感受更上层楼的美好。事实上，幽默真的是可以通过学习营造的，我自身就很有体悟。当年因为工作的原因要做一档脱口秀，为了制造出轻松欢乐的节目效果，没有"搞笑"经验的我只能不断地在日常生活中涉猎、吸收大量幽默材料，然后不断地反复练习。这个过程辛苦没什么，心苦才是真的，从生涩到纯熟、从别扭到自如、从冷场到热场，千淘万漉的过程也是锻造小心脏强大的过程，幸运的是在这个过程中我逐渐形成了属于自己的主持风格，并得到观众的认可，工作也迈上了新的台阶。

尽管现在我主持的节目类型从资讯到专题，财经、文化、综艺等都有涉及，但习得幽默的思维方式一直影响着我的表达，也带给我敢于挑战的勇气，就像黄西在本书结尾中写到的："不断尝试，不怕试错，我永远在幽默的路上。"是啊，不试试怎么知道你不行呢？

让书中的幽默技巧帮助你提升生活情趣、润色职场生活吧，我相信会幽默的人运气都不会太差！看，一个五光十色的旅程正在向你开启。

龙洋

2020年6月

自序
幽默就是浓缩的人生精华

您现在读到的是我写的第二本书。

记得出第一本书的时候,有人说过个段子:"有些明星在微博上说自己家没卫生纸了,粉丝马上给寄来了一屋子卫生纸。你也应该炒作一下。"

于是我也在微博上说我家没卫生纸了,我的粉丝给我寄来了我的书。

先开个玩笑热热场子,哈哈哈……(全场肃静)

一晃十几年过去了,回想从前,我拿过脱口

秀比赛的冠军，在中国和美国的电视上说过脱口秀，在白宫调侃过美国总统和副总统，有了自己的电视节目，客串过《寻龙决》《唐人街探案》《谎言的诞生》等电影。

在过去几年的时间里，我放弃了英文演出，全心全意打磨中文段子。到2018年我在全国20多个城市举办了40多场脱口秀专场表演，每场90~120分钟，同时也在电视和网络做一些脱口秀综艺节目。2013年演出的时候台下几乎全是大学生、白领，到了2018年才可以时不时地看到老人和孩子的身影。

现在还有一件开心的事情是——我还可以指导和帮助各行各业的兄弟姐妹利用课余时间走上

开放麦的舞台,过一把脱口秀的瘾。

虽然打拼多年有了现在的成绩,内心也不再像初登舞台时那样慌张和恐惧,但是那个怯懦害羞的黄西却仍然是我身体里最真实的一部分。

人紧张腼腆的原因有很多。

我的老家在东北,这里崇尚"别光说不练"的文化。

而我是尽量讲些让大家都爱听的话,然后再退缩到自己的小世界里去。

我从小就害羞腼腆,和陌生人说话紧张,和爸妈说话紧张,甚至连爸妈在陌生人面前说我的好话,我都紧张得要命。

家人说我做事太马虎,不用心,还不如弟弟。

一开家长会老师都向我爸打保票:"你们家儿子肯定考不上大学。他太慢。"我爸竟然信了,甚至偷偷给我联系好了一个在锅炉房工作的差事。

回想起在东北老家的日子,我感觉自己好像从一早上起来,上学,到回家吃饭睡觉,时时刻刻都会暴露自己的缺点。

到美国留学后,本来就不习惯开口的我遇到了又一个难题:英语。

我没自信,觉得一开口就会犯语法、发音和用词上的错误。

我在考研的时候有机化学得了满分,但是我知道的化学名词都是中文的。为了能够弄明白英文专业术语,我一个博士生还经常偷听本科实习生怎么说。有一次,我从一个实习生那儿偷偷学

了一个词儿叫"blue juice",我很自豪地用了一通,直到另一个博士生说"blue juice"就是蓝汁儿的意思,根本不是什么术语。

最可怕的是上专业课的时候,有些教授特别喜欢讲一些幽默的段子来活跃课堂严肃紧张的气氛。他一讲段子同学们就会大笑。而我却完全听不懂还得装成心领神会的样子,和大家一起笑得前仰后合。

有一个段子特别能形容我当时的心情。

看卓别林电影的时候,我对前排的人说:"你一个大个儿挡着,我什么都看不到!"前面的人说:"没事儿!我笑你跟着我笑就行了!"

跟着别人笑其实挺让人心虚的。有一句话是这么说的:"那些你一笑就跟着你笑的人,不是傻子就是爱你。"

更可怕的是如果教授将你的笑误解为你听懂的一种表现,那他就可能会突然甩给你个问题。

因为工作阶段,大家的学历、经历和观念不一样,再加上还有竞争的关系存在,所以同事之间的距离感要比同学之间远很多。

在工作中,我保持着和读研时候一样的状态,经常加班,再加上第一家公司是创业公司,压力很大,内斗频繁,我甚至因为压力过大而得了胃病。过了一年好不容易做出了一些成绩,却发现一些刚毕业的同事一进公司就被提拔成了我的上司。

原因只有一个,他们善于沟通,经常把自己的想法和上级沟通,而且把PPT(演示文稿)做得非常漂亮,让上级意识到他们可能会成为管理

方面的可造之才。而我这种不善言辞,只会在实验室里老老实实做实验的人就很容易吃亏。

因此,沟通,特别是幽默的沟通其实对于每一个人来说都很重要。

我念书的时候想成为一个爱因斯坦那样有才华的人,认为天才是内秀,沟通是肤浅的。就像尼采说的那样:"我是一缕青烟,孤独地在天空中求索。"

后来我发现天才也是要沟通的。幽默就像沟通的润滑剂一样。很多知名人士都是运用幽默方面的大师,这份幽默还为他们的事业助力了不少。

幽默口才的培养,并不是让我们变得伶牙俐齿,而是借助幽默的谈吐让我们的人际交往变得生动而亲切。

在西方社会文化中，衡量一个人是否具有人格魅力的重要因素就是幽默感。

幽默除了可以化解困境之外，还可以给对方一个宽容的台阶，使对方不至于陷入尴尬的境地。

一个人如何沟通，不管是书面的还是面对面的，不仅可以定义人格，也会决定你个人的才华能够走多远。

你可能会说："我不擅长沟通，更没有幽默感，该怎么办？"

如何在生活、工作等场景中，在演讲的舞台乃至开放麦中调整心态，运用合适的沟通和幽默

技巧？怎样找到情绪舒压口？如何建立起亲密的爱情、友情和亲情？对于上述问题，我会结合我多年积累的人生成长经历和幽默实战经验在书中一一解答。

希望这本书可以帮助到你，也希望你在未来的工作和生活中敢想敢做，活出精彩的人生。

目 录

第一章 幽默原来可以后天习得

- 为了找到我想要的快乐，我尝试了各种方法　　002
- 脱口秀的苦与甜　　011
- 也许"自卑"才是让我走上幽默的真正原因　　016
- 坦然面对和接受人生不完美的最好方法　　021
- 找到自信其实很容易　　028

◆ 公共演讲：给我 5 分钟，
　我会成为大家关注的焦点　　　　　　　032

第二章　如何找到自己独特的幽默感

◆ 每个人都有自己独特的幽默感　　　044
◆ 如何找到专属于自己的幽默点　　　048
◆ 尴尬的时候，不妨幽默一下　　　　058
◆ 注意洋笑话和中国段子的区别　　　063
◆ 练就幽默感的四要素　　　　　　　076
◆ 幽默的智慧是怎样练就的　　　　　094

第三章　幽默原来可以这样轻松制造

◆ 段子或笑话的基本结构：铺垫 + 包袱　102
◆ 反向思维（反转）　　　　　　　　105

- 事不过三 108
- 比喻或替代 110
- 生僻题材 112
- 谐音梗 114
- 脑洞 118
- 现挂 121
- 夸张 127
- 低调 130
- 联想 133
- 应景 135
- 方言 138
- 附加包袱 144
- 回应 147
- 肢体动作 149

第四章　没有幽默沟通搞不定的人际关系

- ◆ 幽默让恋爱多一点甜　　　　　　　　　154
- ◆ 友情中的幽默　　　　　　　　　　　　170
- ◆ 和同事日常相处的幽默沟通　　　　　　187
- ◆ 婚礼上的幽默　　　　　　　　　　　　191
- ◆ 父母和孩子之间的幽默沟通　　　　　　195

尾声　不断尝试，不怕试错，
　　　我永远在幽默的路上　　　　　　　　201

第一章 幽默原来可以后天习得

为了找到我想要的快乐,我尝试了各种方法

在美国的很长一段岁月里,我一直处于压抑的状态中:工作不得力,生活上没有任何突出或者可以让我全身心投入的事情。

我大学的一个室友总结得很到位:"黄西,你总是拿出吃奶的劲儿拼了老命,却把事儿给办砸了。"

为了寻求精神安慰,我去练了"气功"。我

的师傅告诉我们要在大树下面蹲马步练功,一直蹲到脑子里一点儿想法都没有就会来"气"了。

我苦练了两个多月,终于有一天,我突然感觉:"咦?我脑子里真是一点儿想法都没有了!"但我又一想:"刚才那个不就是一个想法吗?!"我当时就来气了。

后来我就没再练过"气功"。

读研的时候,有个美国同学因为压力太大去看了校园心理医生,心理医生给他开了些盐酸氟西汀(一种可以让身心愉悦的药物)。

我也去看了同一个心理医生,希望他也能给我开一些这种药。

他问我:"你是佛教徒吗?"我说:"不是。"他说:"你应该是。佛教里讲,人生就是苦海。

学会放下这些痛苦吧。我推荐几本佛教书给你看看。"

没有开药反而让我看佛教书,真的是让我痛苦不已。

后来我就没再去看过心理医生。

工作之后,我试图培养一些业余爱好来调节身心,放松心情。

我先尝试了滑雪。

小时候在东北,玩儿雪是经常的事儿,但那时候是直接钩在公交车后面,在没人清理积雪的大街上滑,速度快还不费劲儿,感觉倍儿爽。

但这项"运动"民警会管。

有一次玩儿雪的时候,我摔倒在街上,眼镜也不知道飞到哪儿去了。一位阿姨帮我把眼镜找

了回来,民警把我带到派出所让我爸来认领我。

从那时起,我就不敢再碰触这项运动了。

第一次尝试踩着滑雪板在山上滑雪的时候,我已经30岁了。我们同行的四人都是第一次滑雪,很是兴奋,大清早的还提前把一桶啤酒放到阳台上凉凉,预备着滑雪回来喝酒解乏。

第一天滑雪运动量极大,因为我们只会拿着滑雪板往山上爬,却不知道旁边的缆车就可以把我们载上去。等到了半山腰时,我们已经汗流浃背了。到山顶时,我们已经累得实在动不了了。此时,旁边的人告诉我们不用这么辛苦,坐缆车就可以到山顶。于是我们非常后悔。

到山顶后,我开始尝试着往下滑,不等我大

腿分开，一个3岁左右的小孩儿就从我旁边窜了过去还顺带着碰掉了我的滑雪板。更可气的是，我的滑雪板比我滑得都快，霎时间，它就已经消失在了我的视线中。

我躺在雪里眼看着自己的滑雪板先下山。别人有无人机、无人车，我们有无人滑雪板。旁边缆车上还时不时能听到滑雪教练跟学员们讲："你们看看下面那些人，这就是不报我的课的后果！"

我无奈之下报了滑雪速成班，在最缓的坡上和小孩子们一起练。掌握了一些基本技巧后，果然感觉好多了，尽管我掌握的滑雪要领就跟一个开车只会踩刹车的人差不多。

就这样一天下来，我带着90%的疲劳感和10%的成就感回到酒店房间，心里只留下了喝点儿冰镇啤酒解乏这么点儿念想，结局却是啤酒已

经冻成了一大坨冰块儿,根本没法喝。

滑雪不成,我开始尝试高尔夫球,可这项运动穷尽了我的体力和脑力不说,长途跋涉,就只是为了把一个小球送到一个小洞里,这个过程让我感到非常的沮丧和暴躁。

然后我又改打台球。当然我对台球桌的要求比较高,台球桌的洞越大我发挥得就越好(冷场……)。

美国人喜欢把台球桌放在酒吧里,旁边的墙壁上经常可以看到飞镖靶子。我台球打得稍微慢一些,玩儿飞镖的人就会不耐烦。你当然不想在头上飞镖乱飞的时候玩儿桌球,尤其是这帮扔飞镖的还喝了酒的时候。

后来我看到一本书上说："如果感到生活压抑，可以通过写日记的方式排解自己紧绷的情绪。遇到生活不顺利的时候或者自己很迷茫的时候，就可以打开日记本来回顾一下之前是怎么渡过难关的。"

我开始尝试写日记，但写了半年多后就没再坚持下去。又过了半年，我重新拿起日记本阅读过去记录下的点点滴滴时，不禁感慨：自己到底是经历了怎样一段苦闷且蹉跎的岁月才能写出这样的日记来。非但如此，我似乎也并没有从日记里找到可以为将来指明前进方向的任何内容。

不过我倒是有一个新的发现：日记本里唯一

不让我特别难受的地方就是我拿自己的境遇开玩笑的部分。

这些调侃和自嘲让我变得放松和坦然。

渐渐地，我越来越喜欢用调侃和诙谐的方式来看待和处理我与周围人、周围事物的关系，这也是我走上幽默之路的缘由。

出于兴趣和对幽默艺术的好奇心，我在波士顿报名参加了一个脱口秀培训班，每周上一次课。培训课的学员来自各行各业：有开五金店的小老板、律师、会计、理发师和待业人员，等等。在这门课里，我学到了一些关于段子的基本知识：怎样做铺垫和包袱，如何拿麦克风，在哪儿找俱乐部，等等。

脱口秀演员们能把自己的生活经历变成段子不仅是件很牛的事情，而且是非常治愈的事情，就跟在日记里面写自己的经历然后调侃一番一样。我深深地乐在其中。

脱口秀的苦与甜

在美国,脱口秀演员的主要收入来源是在各地俱乐部和活动里面讲段子逗大家笑。

在中国做脱口秀有个好处:做脱口秀的人数很少,全国目前顶多有几百号人。

而美国却有上万人在做。所以想在美国争取到一次上台表演的机会真的是非常困难。

有的俱乐部要求每一位新手必须得带两位以上的观众来才能登台演出。当时我在波士顿人生地不熟,最开始是带着太太去。有的时候因为太太工作去不了,我就大雪天站在俱乐部的门口问路过的人："你想看喜剧演出吗？"

如果他们同意，那我就继续接着问："你进去以后能不能说是来看我演出的？"有些人表示同意，有些人则明确拒绝。而这样遭到拒绝的情况几乎每天都在重复发生。

每一次演出结束后，我都告诉自己，明天再也不做这没面子的找观众的工作了。

但是第二天，我又一如往常卖命地找愿意看我表演脱口秀的观众。而这样找观众的工作我一坚持就是好几年。

我回国后做的第一件事就是找国内的脱口秀俱乐部。当时国内的脱口秀俱乐部有两家，其中一家在北京，另一家在上海。

有很多人骂我，说我的幽默不接地气，说我

回国之后水土不服。这些说我的人可能不知道的是——水土不服也可以成为脱口秀创作的源泉。

我很快积累了一些段子内容。说来也是巧，没过多久，我在国内做访谈节目的时候，中央电视台财经频道的制片人和主任来找我，说他们那里有一档节目叫《是真的吗？》，这个节目在找主持人，问我是否感兴趣。

我觉得这个节目的定位很有意思，有脱口秀风格的主持，还会把求真的内容混搭在一起。对我一个海归来说，这个求真的内容也是我了解现代中国的一个窗口。我告诉他们说我感兴趣。他们说好，并让我周六去录个样片。我当时很吃惊，因为那天已经是周二了。在美国没有几个星期甚至几个月是不可能出样片的。

到了周六，我就用我在平时表演时积累的段子录了一个样片，录完之后我就回美国去了。过了两个星期，我接到了制片人的电话，说我录的样片已经顺利通过。于是我就回到北京，开始参与筹备《是真的吗？》这档节目。

当时很多电视节目都是做几期就撤档了，所以我没有抱太大希望。即便如此，我们仍然打着百分之二百的精神来对待这个节目。

每一期节目里面的段子都要在小剧场或高校去试讲一下。为了一期节目，我和制片导演们就要去跑场地，可能今天去海淀，明天就要去昌平。有的时候试完了段子就在附近的小餐馆里随便弄口饭吃。有一次，我们吃得连拉了3天肚子。

幸好，付出总算有收获，节目播出之后反响很好，到现在，这档节目已经播出7年多了，一直是中央电视台财经频道收视率非常高的节目。我在这里要好好感谢创作和制作团队。一个节目能够生存这么长时间是很多人不断努力的结果。

也许"自卑"才是让我走上幽默的真正原因

要想获得幸福和自由,我们就必须明白一个道理:一些事情是我们能控制的,而有一些事情则是我们不能控制的,就比如我天生的自卑感。

即便如此,你仍然拥有属于你的选择空间——你可以选择你自己真实想要传达的言行和内在感知。

人在面对困境的时候可以选择哭,也可以选择笑。这个问题看上去很简单。仅凭直觉,几乎所有人都觉得应该选择笑。但实际生活中，为什么我们很多时候不选择笑呢？

很多人认为美国人天性开朗，善于侃侃而谈，并且极富幽默感。

事实却并不是这样的。

我有个美国同学上讲台讲解自己的实验。因为过度紧张，他完全没有意识到上台的时候，他竟然随手把一个空鱼缸夹在了胳膊下面，并一同带上了讲台。

大家觉得奇怪，不明白他为什么这么做。

他仍然完全没有反应过来，还一直在冒汗，直到自己讲完了才意识到腋下竟然夹着一个空鱼缸。

连美国人都这么紧张，我心里着实宽慰了不少。

美国同学的聚会不是大家坐在一起吃饭聊天唱歌，而是到某同学或教授家里随机组成三到五个人的小圈子侃大山。

在面对这样的场合时，我总插不进话，所以大部分时候只能自斟自酌喝点儿闷酒。

有一次，我在一个女同学家开派对时还喝多了，想到院子里呼吸些新鲜空气，结果一头撞到了她家的玻璃门上，并发出一阵巨响。派对突然变得鸦雀无声，宾客们充满好奇与同情的目光齐刷刷地扫向了我，场面甚是尴尬。

我那时候真是没钱，当时的理想就是将来能

够有一天发现人家扔在路边的台灯、床垫儿、吸尘器之类的东西，看都不看一眼。

有一次我捡了几个旧床垫子，就想问我的教授需不需要一个。

床垫子用英语读作 mattress，但我一不小心读成了 mistress（情妇）。

我问他："你需要一个 mistress（情妇）吗？"

他难为情地说："我已经结婚了。"我说："你结婚了也需要 mistress 啊！我有两个，可以给你一个！"

有一次我在走廊上，想问一个女同学她住哪里。我说："Where do you live？"但我发音不准，把 live（居住）说成了 leave（去）。她以为我问她去哪里，于是她就说："厕所。"

而当我想仔细解释的时候，她却已经进了厕所。

我在美国毕业答辩的时候也很紧张，做得不够好。其实毕业答辩的PPT是之前演练过的，而且我在里面加了些小幽默，演练时的效果其实非常好。在面对同一批老师和同学进行正式答辩时，我紧张得思维逻辑混乱，里面加的小幽默也没有发挥出应有的效果来。

后来我才明白同一个段子是不能在同一批观众面前反复讲的。

这些生活中点点滴滴的尴尬小场景成了我日后积累段子的重要素材基础，更重要的是，这些亲身经历让我想通了一件事：把自己的苦恼和窘境调侃一番其实对我的帮助更大。

坦然面对和接受人生不完美的最好方法

不论是圈子,还是职场,人际关系都是一个让人头疼但又躲不过去的事。不管你的初衷是否出于善意,这人世间总会有人让你觉得不舒服,想和你对着干。

很多中国人和美国人都说现在的中国留学生总在中国人堆儿里混,不想了解和融入美国社会。

确实有一部分人不想了解美国,但我相信这绝对不是他们的初衷。

事实上美国学生有自己的圈子和鄙视链，他们大部分没空让你了解他们，更别提融入他们的圈子里头去了。而且即使你融入了圈子，也很容易成为"那个人"，就是每个圈子里大家都最爱在背后一起八卦议论的"那个人"。

如果你觉得你的圈子里没有这个人，那你很有可能就是这个人了。

在美国，因为语言和生活习惯的不一样，加上很多美国学生很挑剔，所以中国学生很容易成为"那个人"。比如，没有帮女孩儿拿东西，用完马桶没有把坐垫儿放回原位，礼貌用语没用好，碰了他们的东西没有道歉，甚至说的谢谢次数太多，等等这样的行为，你都很有可能成为"那个人"。

我记得我当时在洗手间的镜子里对老天爷发誓，以后再也不要试图融入另一种完全陌生的文化环境里了。现在看来，美国人到了国外也同样会有艰难的适应过程。有个美国历史学教授到了法国。法国人觉得他幼稚无知。这位教授一个劲儿解释："我不是孩子。我就是表达不出来而已。"

奥巴马退休后说过这么一件事。以前他在做社区活动的时候就总有人跟他对着干。他当时这样安慰自己："等我成了参议员就不用和这种人打交道了。"等他当了参议员，他发现有些参议员和他对着干，找他麻烦。他就继续安慰自己："等我成了总统，我就不用伺候这帮混蛋了。"等他当了总统去参加一次联合国的会议讨论时，还是会有其他国家元首挑出他的各种毛病。

他终于意识到，不管你是在自己人生的哪个阶段，做什么工作，担任什么职位，总会有人让你的日子不好过，你是没有办法逃避这些麻烦和痛苦的。

逃避不过是别人对你的看法，甚至是一种误解。

我以前在美国研究生物科学。在很多人眼中，研究生物科学才是我的正业。后来我开始不务正业，说起了脱口秀，于是包括亲戚朋友在内的人都会觉得，黄西放弃了自己的人生，他在逃避。他们看不到我为成为一名脱口秀演员所付出的努力——每天早上爬起来写段子，独自对着镜子练习表演，鼓起勇气走上舞台，无法逗笑别人时独自承担痛苦。

对，没错，我是在逃避。不过，我逃避的只

是世人眼中的标准，而选择了一条自己喜欢的人生之路。

追求幸福和追求完美是人的两大本能和冲动。

原来我一直认为完美才是幸福。我们的父母、学校、公司和社会也告诉我们完美才是幸福。为了追求完美，我们的家庭、学校、社会都在不停地指出我们的缺点。在家时，家长总是拿我们和成绩更好的孩子比，和有特长的孩子比，和爱因斯坦比，和居里夫人比。

在学校时，老师的口头禅是："你们是我教过的所有的学生里面最差的一届！"到了社会，我们的自卑心理已经是根深蒂固了。前一段时间贩卖焦虑的文章在微信群里疯转：你的同龄人已经是亿万富翁！你的同龄人已经可以来一场说走就走的旅行！

这种文章能够火就是因为我们心里面其实是这么想,这么感觉的。我们感觉别人有完美的人生,而我们却没有。

这种固有的思维模式让我们感觉自己不如别人，只有弥补自己的不足才能像别人那样完美,才能幸福。这种思维是错误的。所有的人生都有不完美的地方,只有接受自己和这个世界的不完美才能幸福。

而懂得幽默应对就是面对和接受人生不完美的最好方法。

有了这个感悟之后，我突然觉得有一扇门为我打开了。走过这扇门，等待我的，将是一个充满刺激与未知，并且妙趣横生的世界。

人生就是一个不断完善的过程，我们每个人都不是一个完美的人，这就注定我们要接受人生的历练，通过自身的努力打磨之后，才能脱胎换骨，才能从不完美中走出来。

当我放弃追求完美，转而追求快乐之后，一个充满了挑战却在我的脑海中挥之不去的念头，突然撞击了我这个成天都在跟理科知识做斗争的生物学直男博士。

"把给大家带来欢笑当成我毕生的工作吧！"

幽默能赚钱吗？大家会笑吗？

反正我不完美，试试又何妨呢！

找到自信其实很容易

讲笑话没人笑的确会让自己感到不舒服,这种感觉会令你紧张,你一紧张其他人也跟着你紧张,其他人紧张你就更紧张。很多演员,包括大师级的人物比如伍迪·艾伦(Woody Allen)在内,上台之前不吃东西,就是因为怕紧张会导致呕吐。

说到这儿你可能会问:"我这个人内向,和人说话就紧张,怎么把准备好的内容讲出来呢?"

那么，以下几点就可以帮助你克服这种紧张情绪：

第一点，提醒自己其实说话紧张是再正常不过的生理反应。紧张的主要原因是体内肾上腺激素分泌。运动员在比赛之前会分泌肾上腺激素来调动体内代谢以产生运动需要的能量。在人面前说话，尤其是在公共场合演讲的时候，身体同样会分泌这种激素，让你感到紧张。所以你要告诉自己这很正常，尽量放松就好。

第二点，切记，对方是不知道你有多紧张的，哪怕你告诉对方"我很紧张"，对方还是不知道你到底有多紧张。你可以大方地承认自己很紧张。你甚至可以拿自己爱紧张这事儿开个玩笑。

我记得在一个剧里看到一个人一见面想和对方说"您贵姓？"结果一紧张说成了"您姓贵？"赵本山更是把见面的第一句话说成了："你好，我叫不紧张！"

第三点，提醒自己要保持自己的语言习惯和节奏。如果节奏被打乱了，尽量找回来。有了自己的语言习惯和节奏，你的话语将变得更有煽动性和说服力。

有人可能会问，我做到了你说的这几点，准备得很充分，也讲了段子，但感觉情绪还是没有带动起来，怎么办？"破冰"失败怎么办？

没关系，记住脱口秀里面积累和走心的要素：继续沟通，找机会抖包袱或现挂，并且和对方真心交流。

公共演讲：给我 5 分钟，我会成为大家关注的焦点

记得以前有本杂志叫《演讲与口才》，是专门编给那些希望在演讲方面有所突破的人看的。我也买过几次，发现上面刊载的很多内容都是名人名家的演讲词，不看不要紧，一看更紧张了。他们讲得都那么好，自己和他们一比就相形见绌了。

现代生活里，越来越多的时候需要你在毕业典礼、公司例会、年会聚餐、各种派对等场合正

式性地或者即兴地说几句，所以很多人都有提升自己在公众场合表达能力的需求。

美国的一项调查表明，大部分人恐惧的事情中，第一是公共场合演讲，第二才是死亡。
所以公共场合演讲比死亡还可怕。

那么上台之前，要不要先把遗书写好？反正我的遗书是已经写得差不多了，下面就是：

亲爱的家人和朋友们：

当你们看到这封遗书的时候，我可能还活着。现在就去墓地看一眼以防万一。如果我真的活不过来了，那么我的银行账号是……

此处有乌鸦飞过(略冷场……)

好了,我们继续往下聊……

我们在这里可以用一下反向思维:既然公共场合演讲比死亡还可怕,那么克服紧张站在演讲台演讲岂不是一件比战胜死亡更牛的事情吗?

演讲的本质是表演。

我们看过的多数人在台上的演讲,其实超越了沟通和表达,更像是表演。表演就要反复磨炼。乔布斯在一些大型演讲之前都要练习上百次。

奥巴马的演讲能力举世公认。2000年,他连民主党在芝加哥代表大会的会场都没有资格进去。到了 2002 年,他当选为议员,然后在 2004 年作为一名新议员在波士顿的会议上演讲,这下全美国都知道了他的存在。一场演讲,观点犀利,措辞得当,引起共鸣,让他一举成名。

后来我参加马萨诸塞州(Massachusetts)的一个活动,当时的州长演讲风格和奥巴马很像,包括用词和抑扬顿挫的说话风格。后来一打听才知道,他和奥巴马用的是同一位演讲教练。所以美国的政客们在演讲上还是下了很大功夫的。

我们大部分人都没有演讲教练来帮助我们写稿子,打磨段子,调教语气腔调等,怎么办?你可以尝试参加开放麦的活动。开放麦就是给那些想要练习打磨沟通技巧，喜欢幽默和脱口秀的新人一次上舞台展示自己的机会。

我自己的笑坊脱口秀俱乐部每周都有两次开放麦活动。同样是上舞台，开放麦的观众就要少很多，有时候台下的观众不会超过十个，其中九个是准备接下来要上场的脱口秀演员，还有一个是来这里抄段子的网络写手或影视编剧。这种场合的优点是可以锻炼人，即使表演砸了，没有抖好包袱，你和其他上台的人也不会有沉重的心理负担。缺点是有的时候你讲得很好，但因为大家对开放麦表演的期待值很低，所以很有可能没人注意到这些闪光点。

如果脱口秀对你来讲太难，你可以去一些演

讲俱乐部。那里你可以讲半分钟,也可以讲十分钟,而且讲完后观众必须鼓掌。有即兴的,有事先准备过的。这样大家互相鼓励着讲,最后大家发言,说你哪里讲得好。很多人在这个组织里找到了自信。我在讲脱口秀之前也参加过国际演讲俱乐部(Toastmasters International),尽管我自己觉得进步很慢,但回头看来还是非常有益处的。

公共场合演讲时,幽默是很重要的。马克·吐温不仅是个大作家,还是一个不成功的投资人。他在投了几个项目之后就没钱了,不得不到各地演讲(俗称商演)赚钱。他在演讲的时候很幽默,所以非常受欢迎。有人认为他是美国当代脱口秀的鼻祖。

公共场合演讲的时候不仅要注意运用我们之前聊过的幽默技巧,还要知道你在听众内心的认知度。

美国前总统里根可以说是美国政界的脱口秀大腕儿,他非常了解观众的心理,知道他们期待他说些什么。他还是一个不知名政客的时候,有一次到一个农场演讲。那个地方甚至连一个像样的屋子都没有给他准备。他就站在外面的一个粪堆上讲:"我是一个共和党人,今天是第一次站在民主党的平台上。"一句话既介绍了自己,也趁机怼了他的对手民主党。

他成为总统之后遇刺,被人打了一枪。出院后在一次演讲中有个现场的气球爆了,"啪!"的一声。里根不动声色地说了一句:"没打着。"现场的观众反应了一下,联想到了他之前被枪击中的事儿，瞬间掌声如潮。他这个抖包袱的手法很应景，而他之所以能抖出这个包袱，主要是因为他非常了解听众对他的认知。

其实每个人面对公共演讲都会紧张。
即使是再有经验的演讲者，他在登台的时候也仍然是会紧张的。

最有用的练习其实不是一个人关起门来背下演讲稿，而是找一些小伙伴来当你的听众，让他们先听你讲。为什么我们跟别人交流时不紧张，而演讲时会紧张呢？因为，跟别人交流是有互动的，而演讲是你一个人独自站在台上。

反复这样的练习，你就能够慢慢地适应你要

一个人站在台上讲话的状态。

其实你站在台上哪怕很紧张都没有关系，只要你的分享很真诚，足够打动人就可以了。

还有一个特别有用的方法就是把你练习和试讲的过程录下来。一开始他们说要把这个状态录下来的时候我是拒绝的，我觉得演讲好与不好，跟是否录下来是没有关系的。你在练习的过程中有小伙伴的反馈，你自己也能感受到，何必录下来看。

但当我真的把这个过程录下来，然后自己去看的时候，发现收获是很大的。而且每看完一遍，我都能够发现自己的问题。

当众演讲是表达自己最好的机会。无论性格是开朗还是内向，每个人的内心其实都有想要表达自己真实想法和展现魅力的欲望，只不过，我们常常因为害羞不敢当众表露出这种欲望。这也容易给他人造成误解，好像你没什么思想和见地。慢慢地，大家就会习惯性地忽略掉你的想法甚至是存在。其实，每个人都不想处在这样的境地和状态中。

所以，你要赶紧行动起来。在你当众演讲的时候，你成了大家的焦点。大家会仔细听你在说什么。最关键的是——在你演讲的时候没人插嘴。这一刻，你终于有了当英雄的感觉，必须要好好享受，好好表达，否则就太对不起自己了。

第二章 如何找到自己独特的幽默感

每个人都有自己独特的幽默感

我们从小成长在看喜剧片、听相声、看小品的环境里，所以想当然地以为：这些表演者的幽默是天生的。我还听说过一个故事，卓别林5岁时妈妈因生病不能上台，于是他就代替母亲上台，结果节目的效果非常好。但认真想想，很多孩子上台无论说什么话，其实大人都会很捧场地笑出声来。

幽默是语言的艺术，更是思考的艺术。思考多了，自然而然就会形成自己独有的风格。

卓别林说过：幽默给人存在感。

但这个幽默必须是你自己的幽默。

伍迪·艾伦是个幽默奇才。他的很多话虽然被广泛引用,但大家却并不知道这些话其实是他最先说的,比如"喜剧就是悲剧加时间"。也有一些段子是需要你思考半天后才能领悟其中奥义的,比如"我在哲学考试的时候作弊了,因为我窥视了我同桌的灵魂",等等。

他拍了好多电影,几乎是每年一部。有一年,他得了奥斯卡奖,却拒绝接受,他的解释是:"如果他们给我一个奖我就欣然接受的话,那就意味着我认同了他们的评判。如果这样的话,他们下次再颁奖的时候颁给了别人,我也同样需要接受他们的评判。"人能幽默到这个境界,此生足以。

很多情况下你要相信自己的直觉，因为没有人真正知道并且深入地了解你。你有没有发现人成功之后大家的感觉就是："没想到他还真成事了！"那是因为没有一个人真正知道你到底经历了什么，还有多大的潜力没有发挥出来，只有等最后的结果摆出来的时候，他们才会真正地认同你。

幽默也是一样，你想要让自己的幽默方式被别人接受和认可，必须排除他人的干扰。有一句话说得好,你想取悦每个人,就永远不会取悦自己。

每个人都有内在的独特的幽默感。关键是要找对方法并加以培养和磨炼，然后在适当的时候展现出来。你也许会问，那为什么有些人因为幽默搞笑大红大紫，有些人努力了很长时间却只是默默无闻？

原因很简单，有些幽默感大众认可度高一些，或者正好迎合了受众当下的品味。

我们有幽默感是为了成就自己，让自己的生活更快乐，更丰富多彩。

如何找到专属于自己的幽默点

找到幽默感,这里面有很多功课要做,但这个"功课"本身既有趣又充满冒险的味道,是让你不需要通过旅行就能让人生丰富多彩的功课,又像是一场不看重颜值和年龄的恋爱。

如何把你自身的幽默感展现出来呢?

有一条道路就是,多看其他人的幽默表演可以找到自己最喜欢的幽默风格。

是的,幽默是有很多风格的,就像音乐一样。

音乐里面有民乐、爵士乐、嘻哈，等等。幽默也有很多类型：夸张型、冷幽默、咆哮型、肢体表演型等。

夸张型

夸张型是最流行的搞笑方式。相声小品里面这种形式很多，观众最喜欢直接抛来的幽默段子，一语中的，还不用费脑子琢磨里面的弯弯绕。

冷幽默

冷幽默（Deadpan Humor）是一种需要让人回味一下才能琢磨出来其中门道的幽默。近年来由于网络段子和脱口秀的流行，这种段子在年轻人中越来越受欢迎。很多人说我的幽默就属于冷幽默的范畴。

咆哮型

咆哮型的幽默是在舞台上大声咆哮泄愤,或者用小题大做的方式以博一笑。

肢体表演型

肢体表演型在小品和上海的滑稽戏独角戏里面很常见。

如果你钟情于某种幽默类型,你自己的幽默风格也可以往那个类型上靠拢和发展。

搭建幽默库是你塑造个人幽默风格的前提。素材库积累的最好方式就是把它们都记下来，然后逐一用心揣摩如何转化为你自己的风格。不管你的写作习惯是什么样的，关键是要开始动笔写出来。

这个素材库积累不只是量的积累，有些段子还需要经过时间的打磨。我自己有个段子最初讲的时候没人笑。过了3个月再讲，效果还是一般。7年之后我还是觉得那个段子应该好笑，最后终于在电视上讲了出来并达到了我预期的效果。

这个段子绝不是个例外，美国著名脱口秀演员路易CK（Louis CK）有个段子讲了快30年，等到他在电视上再讲的时候才真正到了炉火纯青的地步。伍迪·艾伦也有类似的情况。大多数人都通过他导演的《午夜巴黎》认识他。那个电影的架构其实是根据他40多年前的一个几分钟的段子改编的。

另外一个形成你自己幽默风格的方法就是玩命练习，否则你不会知道你积累的段子在听众们的心中是平淡的还是热烈的。

我在去白宫表演的前一天去了朋友家里开的一家披萨（pizza）店做最后一次演练。我记得我在pizza店一个很小的屋子邀请了一些镇上的街坊邻里来听。那间屋子充斥着面粉和番茄酱的味道，而且声音很嘈杂。其实很多美国人对政治并不是很关心，在休闲放松的空闲时间里更是如此，所以这些大爷大妈完全搞不懂我到底在讲什么。即便这样，我仍然非常珍惜这种锻炼的机会。

充分准备

首先,先做起来。

我认识很多人,做事情之前总喜欢先确立很多目标。比方说我有个朋友想成为脱口秀演员,于是他告诉自己应该先找准定位,是什么风格型的演员,是伍迪·艾伦的知识分子型,还是克里斯·洛克(Chris Rock)的狂放型,是金·凯瑞(Jim Carrey)的夸张表演型,还是杰瑞·宋飞(Jerry Seinfeld)的温文尔雅的观察型……琢磨了半天,一个段子也没写,一次舞台也没登上过。后来我对他说,你最应该确立的一个目标是:今后没事少确立目标。

是的,做起来再说。哥伦布在出航之前,肯定不会先把自己定位成新大陆的发现者。

我在开始讲脱口秀的时候，为了晚上短短5分钟的台上表演，常常要在家反复练习一整天。这听上去有些得不偿失，但从长远来讲，是非常值得的。

我说的充分准备不是光准备某一场演出，而是要同时考虑到准备下一场，下几场，甚至半年、一年后的可能要做或自己想要做的演出。

有人说过这个世界上最大的悲哀莫过于机会来了，你却没准备好。

其次，做你能控制的事情。

这世上多数事情我们都无法控制，比如成功、出名和发财。

我们不能想东想西，要先把眼前力所能及的事情做好。

有一个著名的"两分钟法则",就是如果有一件可以两分钟内就能解决的事情,无论是何种事情,马上着手解决掉,反之,则把它推迟。这些事情可能是很小的事情,比如叠个被子,倒杯茶,完全不需要什么事先计划或者自我定位,随手就能完成。而每完成一件事情,哪怕事情再小,也会产生成就感,这会刺激你继续做下来,自卑感就会随之减少。

再次,把事情做精细。

当一件事情你越做越精,越做越好,自然就会产生成就感。而这份成就感很可能就会成为你去自我定位的标准。比方说我刚开始并不确定自己是否能成为一名优秀的脱口秀演员,我就去写段子,去台上练习,一个段子在不同时间和场合反复讲。

突然有一天就取得了成就，这时候我再来定位一下自己：嗯，我可能天生就适合说笑话。看起来有些搞笑，但事实上很可能就是这样：自我定位很可能不是目标，而是结果。

其实，看自己过去的表演也是为未来做准备的办法。

我知道大多数人不爱看自己的表演，但对于新手表演者来说，这是必须要做的一件事。

很多新人让我给他们的表演提些意见或者建议，其实最好的意见就是回头看一下自己的表演，并复盘一下自己的表演效果。

也许你能够回想起来的都是比较模糊的片段，

并且受到当时表演情绪及经验的影响,演出效果最初会略显尴尬和不忍目睹。不要退缩,硬着头皮看几次自己的表演之后你就会明白很多道理,知道下一次应该怎么讲了。

尴尬的时候，不妨幽默一下

我在美国第一次登台表演脱口秀是在一个小体育酒吧里，讲了5分钟。台下的观众反应平平，其中一个人给我反馈："你说得可能很好，但我听不明白你到底说了什么。"

有一次演出，我大老远地奔去纽约。在我演讲之后，台下面的脱口秀演员说："黄西说的好不好我完全不知道，因为他说的每三个单词里面，我只能听懂一个。"之后的无数次试镜经常无功而返，不是因为表演得不尽如人意，就是因为没有得到制片人的推荐而无法登台。在 7 年的时间里，我参加了各种各样的脱口秀比赛，却没有赢过一次。

还有一次，有个即兴喜剧表演比赛，这个比赛主要看谁的中国口语说得好。我想我的机会终于来了。比赛结束后，我发现竟然是一位黑人哥们儿得了第一名，而我只得了第二名。我问他怎么做到的，他说："我就是模仿你的口语啊。"

我第一次在一个场子里做主持人，介绍一位演员。演员嫌我介绍得慢，直接上台抢了我的麦克风，怼了我两句之后自己开始讲。

还有中国朋友不仅说我肯定做不成，而且打赌说如果我能上电视，他就把自己的脑袋砍下来。

即便如此，我仍然坚持了下来。说了这么多我自己的亲身案例，不是为了向广大的读者朋友们卖惨。我只是想鼓励所有和我一样、怀揣梦想的前行者们勇敢地踏出每一步，即使前方的路是少有人走的路，可能充满荆棘和艰险，我们也依然要无所畏惧，负重前行，快乐且自在着。

你抖了个包袱，底下却没有反应，该怎么办？

不用担心，应付这种状况有三个办法：

1. 要记住其实大家大部分时间听你说话的时候并不知道你是在抖包袱。如果包袱没响，你就继续自然地往下说。

2. 你可以拿自己开玩笑。有一次我讲了个段子，结果台下没反应，我就继续顺着往下说道："你们能相信我刚才讲的是个段子吗？我花了时间写，花了时间练，还是不行啊！"我这么一说，大家反而笑了。

3. 提前准备几个救场的段子。如果你不是脱口秀演员，提前准备一两个网络流行的段子就可以轻松化解冷场的局面了。

我记得有一位参加综艺真人秀节目的电影演员就直接讲了一个网络段子："我就不懂了，一个教人做饭的APP（手机应用程序）还要用地理定位，我就想问你们要干啥，难道我做得不好还要派人来打我吗？"

做脱口秀的人都试图在自己的段子里埋藏一

些对世界、社会、家庭、各种人类关系的看法和见解。

有人说脱口秀是"养乐多",有营养也有乐趣。

有人问我为什么总爱拿总统开玩笑,人家毕竟是总统啊!我说总统是president,我是个普通居民:resident。我们有个P区别。

这是句玩笑话,但是核心是想让我们放下那些无所谓的面子、尊严、身份、地位甚至尴尬。

在幽默面前,人人平等!

注意洋笑话和中国段子的区别

刚开始讲脱口秀的时候,我身边的中国朋友没有几个鼓励我去做的。他们常说我是不务正业,说如果我能用英语在美国把脱口秀做成功了,那他们把脑袋砍下来。

他们说的不是没有道理,听上去我是在用自己的弱项和其他人的强项竞争。

对此,一些美国人的态度就很不一样。有一次我告诉一个美国女孩我在说脱口秀。她给了我一个拥抱。我问她为什么。她说："因为你是在做自己热爱的事情。"

就是为了女孩口中的这份热爱,我把毕生的勇气一股脑地使在了脱口秀上。

勇气是什么?
勇气并不意味恐惧感会随之消失。
勇气是即使害怕尴尬也要去做的决心和态度。
亚历山大·奥卡西奥·科特兹(Alexandria Ocasio Cortez)曾经主修生物化学,毕业之后为迫于生计只能先在一家酒吧打工,一天就要站18个小时。

然后她走上了竞选之路。

竞选辩论之前她非常害怕,因为对手是个经

验丰富的老政客。

她就对着镜子给自己打气：

"I am experienced enough to do this. I am knowledgable enough to do this. I am prepared enough to do this. I am mature enough to do this. I am brave enough to do this."

意思就是：我有足够的经验！我有足够的知识！我有足够的准备！我足够成熟！我足够勇敢！我行！

后来她凭借着这份勇气成了美国历史上最年轻的众议员。

我也想像她一样成为为了梦想勇敢前行的追梦人。

脱口秀与相声的区别

脱口秀是语言的艺术，所以很多人都问过我，脱口秀和相声的区别是什么？

我觉得有三点区别：

1. 脱口秀演员站在舞台上讲的是自己。相声演员则可以在舞台上扮演不同的角色，比如小商贩、大忽悠、爱打官腔的领导等。

2. 相声讲究传承，而脱口秀讲究创新。相声有师承关系。德云社的后台墙上有德云社"家谱"。一个师傅可以收一个五六岁的徒弟从小培养，从讲传统段子做起。相声可以讲传统段子，而脱口秀必须讲自己原创的段子。脱口秀没有师承关系，要靠自己的磨炼和积累。

3. 相声大部分时候是两个人表演，其中一个是逗哏，另一个是捧哏。脱口秀大部分时候演员是逗哏，观众是捧哏。所以观众既是看客，又是演出的一部分。

当中式包袱遇上西式幽默

在中国，你在家里或者同学聚会时讲的段子在舞台上照样有效果，而在美国就不行。因为美国人从小就开始在亲戚朋友面前讲一些很简单的谐音梗及吐槽段子，所以等长大成人以后就不喜欢把这种段子作为表演来看了。

我在这方面就吃过亏。有一次，一个同事给我讲了一个谐音梗。我没听明白。他说等你英文足够好的时候才能理解谐音梗。后来我开始注意英文谐音梗，自己也尝试写了一些。功夫不负有心人，有一天，我终于也讲了一个谐音梗，但是没有想到美国人听了后却不以为然。

犹太民族是一个很有幽默感的民族。美国的笑星比如卓别林、伍迪·艾伦、杰瑞·宋飞、罗宾·威廉姆斯等，还有一些编剧、导演，都是犹太人。

据说在犹太语里面幽默和智慧是一个词儿，因此犹太人的一些传统段子里面能够看到很多充满智慧的句子。即使是在二战时期纳粹德国的集中营里面，一些犹太人也会坐在一起讲段子。

美国人和中国人对待幽默的态度如此，可能和以下几个原因有关：

1. 生活环境不一样，对同一事物的认同感不同。

比如我讲过一个我小时候的经历。上初中的时候学校没有暖气，要求学生带煤上学。有一次我忘带了。老师让我去教室外面罚站。我没有帽子，也没有手套。此时，英语老师过来把双手捂在我耳朵上。我眼泪差点儿出来了，因为他的手比我耳朵还凉。中国观众有认同感，听过之后便哈哈大笑。

美国观众一般都笑不出来，觉得太惨了。还有在中国关于地铁、高铁的段子很受欢迎。在美国大部分人不坐地铁或高铁，这类段子就没有多大市场。

2. 在美国逻辑性强的段子在观众中反响更强烈。

这和西方的传统教育有关。在考 GRE（美国研究生入学考试）的时候，我发现数学部分很容易，逻辑部分却很难。

到了美国实验室我算剂量的速度很快，但实验结果出来之后，分析的速度要比美国同学慢得多，通过逻辑推理设计实验方案的能力也相对弱一些。

我有一次陪儿子去图书馆，里面有一本比较世界四大文明的书，我翻了翻发现苏格拉底和孔子是同时代的思想家。他们深深地影响着东方和西方的文明，但他们的思维重点却截然不同。苏格拉底和他的弟子们注重的是通过逻辑推理找到真理；孔子讲究的是社会和家庭伦理。所以在中国的相声、小品里面，如果你能通过各种办法绕到"我是你爸爸"这句话，那观众就会笑。

在美国，很多逻辑分析类的段子会让人笑，比如乔治·卡林的段子："为什么我们总会说'美国梦'，因为你得先睡着才能相信。"

3. 中国的段子擅长把一些事实做夸张处理，这样在观众中产生的效果更强烈。

比如有个段子说一个人接了个给人家挖井的活，结果图纸拿反了，给人家建了个大烟囱。这种段子在国内很火，而在美国可能就不大行，因为一听就知道不是真事儿。

4. 美国人喜欢一些数字方面的幽默。中国人数学好，计算能力很强，所以对数字幽默的反应不是很强烈。

因为美国人的数学基础不强，所以一些数字

的笑话还是很受欢迎的。我有个段子是这么讲的：我上初二时，班上有300人，我考试考了第284名。回家后，我跟我爸说，我比班上10个同学学习好。我爸说，你比16个同学学习好啊！你怎么加减法还不会呢？！这个段子在美国效果很好，在中国肯定不会有什么效果。

5. 美国的幽默尺度大一些，尤其是在影视网络节目里面。

我讲的段子大部分尺度不大，主要是因为我在美国的脱口秀俱乐部时间长了，发现一场演出下来80%以上的是黄段子，真的是听腻了，自己也懒得讲了。美国幽默的大尺度也是在几十年的时间演变过来的。

即便如此，美国人也承认尺度小的段子更难

讲，所以宋飞和伍迪·艾伦在美国脱口秀届还是有大神级别的地位。

6.种族玩笑在欧美很流行，尤其是北美和澳大利亚这些移民国家。

美国是一个对印第安人实施种族灭绝，对黑人进行奴役的国家，所以很多人说种族主义是美国的原罪。并且因为美国白人居多，他们有无数针对有色人种的歧视性的段子、漫画和影视剧。

平权运动之后情况变了，大家普遍认为白人拿少数族裔、女性和残疾人等弱势群体开玩笑不得体，在大的公共场合和影视节目里就不再允许这么做。

但反过来，弱势群体是可以拿白人开玩笑的。这倒是公平，但是近来，针对弱势群体的恶意段子也有了一些市场。

7.中国的脱口秀观众相对拘谨,一般不大和演员互动。但你讲一段时间之后,中国观众的反应是非常热烈的。美国脱口秀观众从一开始就很嗨,而且是一边喝着酒一边看,很是放松。

看上去中美幽默有很大不同,但这些不同主要是由生活环境和语言不同造成的。

我是一个夹在两个国家和文化之间并且来回游走的人,所以经常有人对我说:"我觉得美国人的笑点很低,很多不搞笑的段子都能让观众笑个没完。"当然也会有美国人说:"中国人的笑点莫名其妙。"

这主要是对另一个国家的文化背景和语言不了解导致的。抛开这些表面的东西，其实幽默技巧是一样的。大多数中国人在看《老友记》时，都能抓住影片的笑点。最近抖音里有一个很火的账号叫"东北话"，这个账号主要是用东北话来给《老友记》里面的桥段配音，不用看账号里的内容，想想就很逗。

现在，上场表演的时刻正式开始。

练就幽默感的四要素

第一个要素：知己知彼

讲脱口秀一个很重要的要求就是了解你的观众，因为只有了解观众，才能与观众产生共鸣。你在脱口秀表演的时候很容易了解观众，因为他们就在你的眼前笑或鼓掌，即使他们一点儿反应都没有，你也能看得一清二楚。

这个时候可以用一下喜剧里面的"简单化人格"方法。

大家都知道有外向型和内向型的人格。

另外一个维度的两种类型是感性人格和理性人格。一般来说，理工科学生的理性人格居多，文科学生的感性人格居多，但也不是绝对的。

把这两个标准组合到一起，你就可以直观地看到四个基本人格：感性外向、感性内向、理性外向、理性内向。

遇到感性的人，你可以用一些咆哮型幽默或肢体段子来打动对方。对于理性的人，你可以多说些逻辑梗和冷笑话。

如果对方是外向的人，你还可以相对收敛一些，让对方多说一些。

这也是面试的时候常用的一个重要技巧：自己没话说的时候，可以问对方关于公司的问题，让对方多说。结束之后对方会觉得你对他们感兴趣，很有满足感。

了解对方的人格，既有利于自己与对方沟通，又可以让对方感觉自己受重视，从而对你产生好感。有了好感以后很多事情就好办了。

反过来，你也应该知道自己属于什么样的人格，在沟通的时候可以直接把自己的性格告诉对方。

多数情况下，对方眼中的你和你的自我感觉还是会有一定偏差的。不妨把这个偏差复盘一下，也许你会突然搞清楚一些一直没有想明白的事情。

我在中国科学院攻读硕士的时候，自认为自己很友善，但总有人说我很怪，说我看他/她的时候让对方觉得怪怪的，还有人说我总是笑眯眯的也很怪。

现在想想，你真的不知道哪一个瞬间会让别人注意到你，并对你产生深刻的第一印象。与其让这种飘忽不定的第一印象留在别人的脑海里，不如你直接告诉别人自己是个什么样的人。

我有一次很直白地告诉对方我是个慢热型的人，对方就非常能理解我的一些行为和举动了，后来我们还成了很有默契的朋友。

第二个要素：主题和关键词

很多人并没有想把幽默搞笑当作进入娱乐圈发展的敲门砖，他们只是单纯地对幽默充满了浓厚的兴趣。

在生活和工作中,幽默的沟通方式可以让你多一份欢乐,少一份紧张和尴尬。

那如何快速进入幽默的大门呢?

我的建议是遵循一个法则:破冰 + 技巧 + 积累 + 走心

万事开头难,幽默沟通也不例外。

不管是演出、开会、面试、相亲,还是推销,都需要开个好头。开头或者开场就是所谓的破冰(ice breaker),在脱口秀里面称作"热场",起到让大家放松,开始笑起来的作用。脱口秀节奏快,需要在十几秒之内就抖出包袱,让大家笑起来。

笑是很难装出来,并坚持下去的,所以在脱口秀俱乐部,即便再大的腕儿上台,如果30秒内没让大家笑起来,那也得歇菜。

破冰或热场是有规律可循的。

首先要让人记住你,知道你是谁。短平快的办法是拿自己的名字做文章。

我上大学时,自我介绍的时候总会这么说:"我是黄西,黄瓜的黄,西瓜的西。"多年后我在国内出的第一本书也叫《黄瓜的黄,西瓜的西》。我在央视《是真的吗?》节目中也讲过很多关于名字的段子。

比如一个孩子名字叫张五一,我问他爸,是不是因为孩子是劳动节生的?他爸说:"不是,是因为长大以后我想让他有五险一金。"

这一招世界通用。

喜剧演员曹瑞给自己取了个英文名字，叫Sorry（对不起）。可以想象，他和外国人自我介绍的时候会制造出多少有意思的效果出来。

"What's your name?"
"I'm Sorry."
"But what's your name?"
"I said Sorry!"

除了名字以外，还可以讲几个关于你自己的故事。

大家有机会可以看看《超级演说家》，里面很多演讲者上来通常都是先自我介绍，然后是讲发生在自己身上的一些亲身经历。这些故事很快就拉近了观众和表演者之间的距离。

我在做脱口秀培训的时候经常推荐大家看一下《超级演说家》,尤其是新演员需要准备自己的第一个5分钟段子的时候。

有一次,我见到一个女孩,她和我说:"我的人生就是个段子。我妈最近说要在北京买个房,然后租给我。她所有花在我身上的钱都有个清单,没事儿就给我看。"

其实这个手段曾经被很多娱乐节目用到过。对于大多数人来说,生活都是简单而普通的,并没有太多能引起大家极大关注的事情发生。如果你一时没有什么特别的故事可讲,我建议你写一个半页或者一页的自我介绍,在这个自我介绍里面,你需要回答出以下几个问题:

1.最后悔的事情是什么？（比如加了推销员的微信）

2.最自豪的事情是什么？（比如差点儿跑完了马拉松）

3.自己身上有什么毛病让自己深恶痛绝？（比如喜欢吹牛）

4.最怪的朋友？（没朋友，包括男朋友或女朋友）

5.最奇葩的一次相亲经历？（对方问你结婚了吗？）

6.吃过的最怪的食物是什么？（比如活蚯蚓）

7.最尴尬的事情（记错老板的名字，然后当众介绍他/她）

回答完这些问题之后，你可以把这些答案分

享给你身边的朋友们,看看他们有什么反应。如果他们能给个神回复或包袱什么的,那你以后在热场或破冰的时候就可以用上了。

如果还是没有能够准备出什么精彩的内容,那你也可以选择说实话。

我记得有一次开会,一位女教授发言的时候说:"我感觉到我应该讲个段子热热场,但我不会讲段子。"这么一说,大家倒也能设身处地地会心一笑。

第三个要素:幽默素材

如果你想要写好文章,那要读很多书。如果你想要培养自己的幽默感,那最好也要多读、多看、多听段子和幽默故事。

你可能会说:"我是一个有身份且有体面工作的人,我的生活就是朝九晚五的上下班,怎么能写出段子来呢?"

脱口秀和相声小品很大的区别就是——说脱口秀的人,大部分一开始都是从事其他行业的。

很多的综艺、访谈或真人秀节目里面,嘉宾或主持人不经意间就会抖个包袱。其实他们很多是事先有准备的。他们所说的段子有些是段子手创作团队创作的,有些是自己平时积累的。

每个人写段子的习惯不一样。有些人可以坐下来一写几个小时,有的人没法坐下来写段子,还有些人根本不用写——他所有的段子都记在脑子里。

我开始讲脱口秀的前七八年都不能坐下来写段子。我只能是兜里揣个小笔记本儿,想起来一个好笑的事儿,就赶紧先记录下来再说。有的时候开车想到一个段子就只能等红灯的时候马上记下来。

我有个脱口秀演员朋友更神,他会在和你聊天的过程中突然打断说:"这个点子不错!"然后掏出录音笔就开始录,录完了接着继续和你聊。所以有时候我心里开始犯嘀咕,刚才他记下来的是我的还是他的段子?

我是在接到了主持白宫记者晚宴的活儿之后才开始坐下来写段子的。

我从来没有涉猎过关于政治的段子。接到这个活儿以后,我每天早上把孩子送到幼儿园,就去咖啡馆写一个小时段子,然后再去上班。就这样坚持了两个半月,才逐渐养成了坐下来写段子的习惯。

生活中有很多可以当作幽默的素材,比如你的身份。

你的身份本身可以作为话题讲很多段子。比方说,如果你来自内蒙古,你可以讲大家对内蒙古的一些刻板印象。

比如一个内蒙古的演员会说:"很多人认为在内蒙古大家都骑马、住蒙古包、射箭等。这些当然是不对的,我不会射箭。"

有个演员叫石春雨。他说:"我经常拿我

老婆讲段子，讲了一段时间后发现一个老婆不够用了。"

另外，你的职业本身就是一个极好的脱口秀素材。我自己有个脱口秀俱乐部叫笑坊脱口秀俱乐部。

你可能实在觉得自己的校园生活挤不出一点儿幽默来，那也没关系，还有别人的人生呢。我常常觉得我周围的人都很逗。他们可以为我提供足够多的笑料。

我们主打的一个脱口秀节目叫作"行行脱口秀"，节目口号就是"三百六十行，行行出脱口秀"。
来我们这里演出的人来自各行各业，有律师、工程师、警官,等等。我们俱乐部有位律师叫赵鑫。她说:"我讲脱口秀就是为了招揽客户,因为我是一名离婚律师。"

她经常喜欢讲一个段子。如果你的男朋友跟你说:"我过了司法考试才能和你结婚。"那你就不要等了,因为这是法律人独有的分手告白方式。

还有一个人叫四季,是一名快递小哥。他经常开玩笑说:"快递小哥,就是那个,就算我们没洗头没化妆,也要下楼去见的男人。他的电话我基本秒接,他的短信我基本秒回,见到他比见到男朋友还开心,对待他比对待男朋友还温柔,知道为什么吗?因为,我没有男朋友,哈哈哈哈哈哈。"

如果你没有职业,那也可以讲没有工作情况

下的人生遭遇：家人的担心，自己的面试经历，等等。

这里还要着重讲一下地域梗，就是拿一个地方开玩笑。其实地域梗从古就有。"日啖荔枝三百颗，不辞长作岭南人。"岭南在古代是穷乡僻壤，有人为了每天能吃到300颗荔枝，愿意一直在那里生活。现在有人会讲河南人怎么怎么样，南方人怎么怎么样，东北人怎么怎么样。如果你是那个地方的人，那你可以讲讲自己家乡或居住地的段子。最好不要讲自己没有生活过的地方的段子，主要原因有两个：第一，你讲一个地方的段子可能不如本地人讲得好；第二，很容易让人感觉极度不适。

第四个要素：表演元素

即兴喜剧（Improvisational Comedy）是演员在舞台上表演时，让观众给他们一个场景、一个关键词或一个人物设定，然后由演员们在舞台上即兴表演一个小品。即兴喜剧表演者遵循的一个原则是"Yes, and"，意思就是，不管你的搭档说什么，你都要说"是的"，然后按照那个思路和剧情去往下演。

短视频近两年火得一塌糊涂，各个年龄段的人都在刷抖音、快手、秒拍。本来想打开手机看看今天上午的天气怎么样，结果看会儿短视频一上午都过去了。

短视频平台来得快，去得也快。大家还记得

小咖秀吗？当年小咖秀也是明星和素人都在玩儿，现在提起小咖秀得想半天才能想起来。

  但话说回来，不管是什么平台，好的内容片段还是会被大家反复观看的。现在很多公司在培养网红来做短视频，还有一些人在做搞笑内容。其实短视频也用到了很多我们之后文中会提到的幽默技巧。

幽默的智慧是怎样练就的

说到底,笑话只是用来沟通的一种手段。如果笑话使用得比较好,那它就是人与人之间的润滑剂。反之,它就会影响人与人之间的关系。

当然,在交往之中,仅仅会说一些尺度内的笑话还不够,还必须让人觉得你的笑话有品质、有内涵、不肤浅。

随着观众素养的提高,大家越来越希望听到一些有质量有内容的笑话。脱口秀是一个很好的形式,它试图将肢体表演的部分减到最低,让观众更注意笑话的内容。于是，那些充满智慧的笑话也就有了优势。

那么，像我们这种自信心不足的人，要怎样才能说出充满智慧的笑话呢？

方法一：学会说潜台词

就像那些光靠嗓门大来搞笑的喜剧已经过时了一样，那些太直白的笑话也渐渐乏味了。在开策划会时，大家最喜欢说的一个词叫"直给"，意思是你想表达的东西要直接给到观众，否则观众听不懂。

我觉得这是一种典型看不起观众的观点。事实证明，观众的智商比你想象的要高得多，而且成长极快，口味也逐渐被培养得越来越刁。尤其是喜剧，你要是再用 10 年前那套搞笑方式去拍电影，绝对票房惨败。

笑话也是一个道理。你要把观众想象成智商和你一样甚至更高的人。这样你对自己的要求也会更高，说出来的笑话自然也就智慧含量更高，而这样的笑话往往也是含蓄的、不直给的，因为包袱背后通常会有潜台词。

方法二：控制节奏，注意留白

我常常觉得，好的笑话是合作出来的。什么意思？就是我说一个笑话，仅仅只完成了一半，另一半需要观众自己脑补画面。

如果我们把说笑话比作画画，那么我建议大家尽量不要画那种毛孔毕现、以假乱真的写实画，而要画那种写意留白的中国山水画。要想办法打开观众的联想能力和反应空间。

比如有这样一个段子：

"我相信出差最痛苦的事情不是同屋的同事睡觉打呼噜，而是他打的呼噜是没有节奏的。"

虽然打呼噜是个很具象的行为，但没有节奏地打呼噜大家却没有见识过。此时，观众脑子里会产生相应的画面，仿佛还有不规则的声音在耳边起伏，顿时就会觉得这笑话很有趣，也很形象生动。

方法三：学会"大智若愚"的技巧

中国的一句古话叫"大智若愚"，意思是那些看起来笨的人往往有大智慧。这话充满哲理，本身就蕴含着智慧，呈现在笑话上其实就是制造反差。

因为我在观众眼里的喜剧形象常常是那种木讷、情商很低的理工男，所以通过我的嘴说出来的那些笨笑话，往往会有出其不意的效果。

举个例子。

我当年报考北大没考上，我的邻居家孩子考上了。还给我写信说北大宿舍里竟然有蟑螂。我一听气坏了："它们是怎么进去的？！"

不通人情、情商很低、直来直往、嘴笨反应慢，这些貌似都是笨人的表现。如果从这个角度去说笑话，且笑话很精彩，那别人就会对你刮目相看。此时，你的木讷就成了你的优点，因为你让他们看到了智慧的光芒。

说来说去，对于能否说出聪明的笑话，其实就只有一条禁忌：千万不要自以为聪明。

刻意表现的聪明和智慧，往往都是愚蠢的。

第三章
幽默原来可以这样轻松制造

段子或笑话的基本结构：铺垫 + 包袱

无论在任何国家，搞笑形式的基本结构都是大致相同的，那就是"铺垫 + 包袱"。

铺垫（set up）是很常用的烘托手法，是为了抖包袱提前做的一些基础性描写。铺垫通常会描写一个日常生活中极为平常但真实发生的事儿。

包袱（punch line）是隐藏的伏笔。抖包袱指的是巧妙地把结局展现给读者。包袱是个非常形象化的比喻词，它实际上指的是喜剧性的矛盾酝酿。

有一些观点还认为段子应该是"铺垫 + 态度

+包袱"。

这里面的态度可以是公开表达出来的,比如开心、失望、困惑等,也可以是隐藏起来不直接明说的,不言而喻的,比如当你说"我手机丢了"的时候,大家自然就会明白你当时一定是处于焦虑、急躁的心情中。

所有的段子都是有铺垫和包袱的。比如:"一个新司机上班,同事问他来的路上顺利吗?他说很顺利。"这就是一个铺垫,讲的是一个再平常不过的事。当然,在铺垫里一般都有喜怒哀乐等情感带入。在上面的铺垫后面接一句:"我自己开车开得很顺利,就是不知道为什么路上有好几百号人在逆行。"这一句就是包袱,让大家笑的地方。

我们接下来要讲很多脱口秀（幽默）的创作和表演技巧，但高级的脱口秀一般是看不出太多技巧的痕迹的，听上去完全是发自肺腑、浑然天成的。高级的脱口秀是经过长期的训练，技巧娴熟之后，培养出来的幽默感，所以可以凭直觉，走心，让自己的心声发出去，并能让观众和你在一个频率上震荡。

反向思维（反转）

大家习惯的思维方式是按照逻辑顺序或时间顺序正向运转的。运用反向思维就会让大家因为错位展现的角度不同而忍俊不禁。

我曾经一本正经地说过："我这个人不相信星座。因为，我认为人应该主宰自己的命运。水瓶座的人都这么想。"还有一次我参加一个活动。张绍刚也在这个活动现场。虽然我是第一次和他见面，但还是拿他开了玩笑。我说："张绍刚老师有一点好，怎么调侃他都不会生气。你们看，我在这儿说了他这么多不是,他都不会生气。这就是一个优秀主持人的气魄。但其实我知道,他晚上回到家会换小号上我微博下面留言骂我。我当然知道是他,因为他的 ID 就叫张绍刚小号。"

这个段子里有好几层反转,先是夸他有度量,然后又说他其实没度量。实际上,在讲段子的过程中他就坐在台下。他的笑容就代表了他是个有度量的人。这样貌似损人,其实是夸人的方法在现实中我们会经常用到。

在生活中,你可以多运用一些反向思维的段子,让自己随时幽默起来。

以下是几个反向思维的案例:

1. 我和朋友去健身房锻炼。锻炼刚结束,朋友要吃巧克力。我说:"刚锻炼完不能吃东西。"朋友问:"那要等多久呢?"我说:"别人我不知道,反正我至少要等一分钟。"

2. 很多人说:外国的孩子是夸大的,中国的孩子是骂大的。其实我爸从小到大一直夸我:你真行!全班 45 名同学,你能考 43 名。你真行!

3. 我向女孩表白说:"我能做你的男朋友吗?"她说:"我们还是做朋友吧!"我说:"太好了,我已经成功 2/3 了!"

事不过三

事不过三是说在罗列事情的时候，一般第三个提到的事情是个包袱。

郭德纲说于谦"抽烟、喝酒、烫头"，这第三个提到的烫头就是包袱。如果是"抽烟、烫头、喝酒"或"烫头、喝酒、抽烟"，那么喝酒和抽烟就分别是要抖的包袱了。

以下是事不过三的案例：

1.发薪水前老板说："有同事业绩好，有奖金；

有同事工作态度好,有奖金!"我问:"那我哪里好?"老板说:"你想想就好!"

2.有的人说,我最喜欢蓝色;有的人说,我最喜欢绿色;有个女孩说,她最喜欢粉色。别人问:"哪种粉啊?"她说:"酸辣粉!"

3.我说:"我比较倒霉,打麻将三缺一,玩斗地主二缺一!"我的单身朋友说:"那有什么,我谈恋爱一缺一。"

4.在一次聚会上,一个朋友说:"我爸爸喜欢画画,所以我有画画的天赋。"另一个朋友说:"我妈妈喜欢唱歌,所以我有唱歌的天赋。"我想了想,说:"我爸妈喜欢拿我的长相开玩笑,所以我有说脱口秀的天赋。"

比喻或替代

比喻或替代是将两个原本看上去根本没有关系的东西放到一起，通过找到共同的相似点引人发笑。比如我在《是真的吗？》里面讲过一个段子："考试跟吵架本质上一样，都是事后觉得没发挥好。" 还有一个段子是说一位商业高管女性求婚很强势，她给男友发了一条求婚短信："通知，我拟于7月7日结婚，新郎名额有限，报名从速。"这个包袱其实是把求婚写成了招商广告。

以前美国有个笑话。当时美国要求一个人有500美金财产才能有选举权。这个段子说，假如我有一头驴值500美金。我的驴活着,我就能选举。我的驴死了,我就不能投票。到底谁是选民?我还是我的驴?

以下是比喻或替代的案例:

1. 我说:"自从我办了健身卡后就有了一种参加奥运会的感觉。"朋友说:"是一种运动的感觉吗?"我说:"不,四年去一次!"

2. 水果挂起来就会坏得比较慢,是真的吗?是真的,因为它们就会以为自己还长在树上。

3. 一个朋友减肥,一个月瘦了5斤,跟闺蜜说:"5斤啊,是不是很厉害。"闺蜜说:"这个效果在你身上,怎么说呢,堪比买套房得了5块钱代金券。"

生僻题材

这个方法是说在讲段子的时候，你可以讲一些大家不太知道的事情然后抖包袱。在讲脱口秀的时候，演员需要注意的是——互动的时候不要问听众"大家最近有什么好玩儿的事情发生吗？"很多听众是自己没啥开心的事儿才来听你的脱口秀的。所以，如果你在脱口秀里面讲些大家不知道的事情，就会让大家更感兴趣。

我曾讲过，有一段时间北京蜗牛特别多，大家担心蜗牛身上的细菌会让大家生病。我说："大家怕什么？如果你遇到这种蜗牛，你倒是有一个用慢动作逃命的机会呢!"

讲生僻题材和术语能够吸引观众,但最好能把话题转回到大家熟悉的东西上。

比如,有人问爱因斯坦什么是相对论。爱因斯坦说:"把手放在热炉子上一分钟感觉是一个小时,和漂亮女孩在一起一个小时感觉是一分钟。这就是相对论。"

还有一个例子,几个朋友聚会,其中一个朋友说:"我现在是个固体和液体空间位移专家。"其他人说:"这太深奥了,能通俗点说吗?"

他说:"就是送外卖的!"

谐音梗

有些喜剧团队是以谐音梗出名的,比如开心麻花。他们的作品从标题(《夏洛特烦恼》)到台词(打败你的不是天真,而是无鞋),再到角色名字,比如郝建等,都是谐音梗。

大家自己也可能会说一些时下热门的谐音梗,比如蓝瘦香菇(难受想哭)或是"我不断地洗澡,油腻的师姐在哪里"(我不断地寻找,有你的世界在哪里)。这些谐音梗过时很快。谐音梗是网络段子手们常用的创作手法,也是一个被大部分

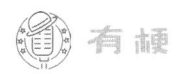

职业脱口秀演员所唾弃的段子类型,除非你用得极好。

跨语言的谐音梗对学外语倒是非常有用的。尤其是刚接触一门语言,层面很浅,谐音梗有助于记忆。新东方教英语出名的部分原因是他们在教学过程中用了很多英文谐音梗。

学外语的谐音梗是源远流长的,从30多年前的"thank you"(三块肉),到现在的"postman"(跑死他们)。还比如日语里面的"我回来了"是"ただいま",听上去像"他大姨妈",这个画面肯定有助于记忆。外国人学汉语也得用这个办法,比如美国人小时候学汉语也用谐音梗。比如我见过外国人把"谢谢"标注成"shit shit"

(屎屎）来帮助记忆。

以下是谐音梗的案例：

1.一个朋友的儿子叫天天，特别高冷，谁跟他说话他都不应声。朋友生气地说："天天你这孩子咋这样，一点礼貌都没有。"朋友老婆说："别怪孩子，老话说得好。"朋友说："老话咋说的？"老婆说："叫天天不应啊。"

2.我记得有次过年和儿子一起回东北老家，结果出门后才发现新买的衣服有点紧，但为了赶飞机也来不及换了。儿子安慰我说："爸，你这叫'衣紧（锦）还乡'！"

3.最近几个哥们都超级缺钱。我说："你们钱都去哪了？"一个说，陷入了姐弟恋，为了证明自己有实力使劲砸钱;另一个说,陷入了异地恋,老得跑来跑去;最后一个IT男说,我……陷入了区块链。

脑洞

在脱口秀创作时，要有极致的想象力。比如美国脱口秀明星克里斯·洛克在谈到枪支的时候，说他有办法减少枪击案件发生的可能性。他说，只要一颗子弹卖5000美金就可以了。这样大家在想开枪之前会更理性一些，比如得想想自己有多少存款，在哪儿找份儿工作？等他攒够了钱可能早就把枪击这事儿给忘了。

脑洞在脱口秀和段子创作上更是必不可少。使用脑洞的一个办法就是提问题。比如，你可以问自己，假如一个男人怀孕会怎样？假如你中了

彩票会怎样?假如你能一夜之间改变大家的审美观,你会让大家觉得自己是颜值最高的人吗?(我会的)

对非脱口秀演员来说,脑洞大一些也没有坏处。很多工作是需要创造性和突破性思维的,比如广告、推广、营销等。长远来看,脑洞是真正在推动人类文明发展的原动力之一。如果人类只是以需求为推动力,那我们可能还生活在农耕社会。因为人类有了脑洞,有了推理和想象,所以我们的生活和科幻小说越来越接近了。

以下是脑洞的几个案例:

1.儿子问我:"如果猴子没进化好,还用四肢走路怎么办？"我说："那鞋的销量肯定翻倍。"儿子问："人没有手，那谁来做鞋呢？"

2. 在我上大学那会儿，有个室友不小心尿床了。别人都嘲笑他，只有我没有笑。因为，他睡在我上铺。

3. 有人问我："我今天总打喷嚏怎么办？"我说："吃点儿泻药就好。"他说："是真的吗？"我说："是啊。你想想，吃了泻药后你还敢打喷嚏吗？"

现挂

沟通的本质是解决人际关系的问题,而幽默正是让人与人之间的互动沟通变得轻松有效的最佳武器。

在幽默技巧中,有一个方法叫现挂(ad lib),即互动,就是和观众互动,提问题,拿他们的反应来抖包袱。

运用现挂的好处就是能够迅速地拉进演员与观众之间的距离。举个例子,我们每年都看春晚,而每年春晚冯巩上台时都会对观众说同样一句话:"我想死你们啦!"每次说,大家都会掌声雷动。

为什么？冯巩真的想死大家了吗？也许吧，但在我看来，他是通过这样的方式与观众互动，产生关系，让观众成为自己表演的一部分。

你也可以稍微吐槽一下观众。有的时候我在表演的时候会说："大周末没钱出去玩儿，来看脱口秀，你们怎么过得这么惨啊？！"大家听了也开心，因为其实也是在损自己：来看我的脱口秀是打发时间的下策。

很多脱口秀演员问我怎么锻炼现挂本领？现挂其实就是当场想起来或事前设计好让人感觉是现场想起来的段子。你好好写段子，讲段子，现挂自然而然就来了。现挂对有经验的脱口秀演员来讲是最容易的，也是观众非常喜欢的。观众喜欢现挂因为它的带入感非常强,觉得自己也是表演的一部分。

当然现挂有一些套路,比如问观众是做什么工作的。如果有两个人坐在一起,那他们的关系有可能是情侣,是伴侣,也有可能只是普通朋友。通过他们的回答,你能得到一些见缝插针抖包袱的机会。很多时候,你问一对情侣:"你们是一起的吗?"一个会点头,另一个会摇头。或者问夫妻,你们结婚多长时间了?他们可能半天说不出来。观众一般会觉得这类情形很逗。

我们可能会有这样的体会,当一件有趣或者出糗的事情,恰好发生在我们认识的人或者干脆就是自己身上时,哪怕这个段子本身并没那么好,大家也会笑得前俯后仰。

为什么？因为，我们为段子提供了有精确画面想象的人物形象。

举个例子。我们说一个《笑林广记》里的段子。一个财主非常抠门，从来就没见他请过客。这天，他家的仆人提一篮子碗到河边去洗。村里人见了感到稀奇，就故意逗那个仆人："你洗这么多碗干啥？莫非你家主人要请我们到家里吃饭？"仆人比较实在，听了问话就回答道："想要俺家主人请客吃饭，除非等到下辈子了！"这话传到主人耳朵眼里，就大骂那个仆人道："你怎么不经我允许就敢轻易许下请他们吃饭的日子呢！"

再举一个例子。我的脱口秀俱乐部有个青年演员叫四季。他给我开场之后,我上去马上说:"四季这个人很抠门儿,爱占小便宜。有一次他从外面进来就问我,我捡了个手机你要不要?我说不要。他说你不要我要。我说你是不是应该物归失主啊?他说我刚问他了,他说他不要。"这个段子现场效果很好,因为大家刚刚在舞台上看见四季,认识他了。

《笑林广记》里的那个段子有经典的笑话结构,但因为年代太过久远,而且跟我们本身没有关系,所以未必有那么好笑;但后一个,因为涉及了具体的人,且我们在听段子的时候,会脑补那个人物的形象和画面,所以就会更好笑一些。

现挂的另一个好处是它比较应景，能够让你应付演出时的突发事件，把意外变成段子。在一次演出刚开始的时候，一个坐在第一排的观众因为有人在他前面加了一排座位，就和前面的观众吵了起来。我都上台了他俩还在吵。我就说："这两位观众你们说话楼上听不到，工作人员能把麦克风给他们吗？"这两个人和其他观众一起笑了。

夸张

夸张的手段经常会用在类比上。很多人都看过周星驰的《唐伯虎点秋香》。在《唐伯虎点秋香》里面有一句很经典的台词："小强啊,你死得好惨!"小强是谁,是一只蟑螂。周星驰把一只蟑螂比作自己饲养的心爱宠物,取了个人类的名字,并且极度夸张地为之号啕大哭,这就是典型地运用了反差极大的类比。

我以前在美国上脱口秀节目,上台的第一句话经常是:"大家好,我是个爱尔兰人。"这就是一种夸张的说话方式。大家一看我就知道我是中国人，所以很多美国人一听就觉得好笑。因为，很多美国人起初都来自爱尔兰，而现在却经常受到美国人的调侃。

模仿秀是最夸张也是最容易引人发笑的方式之一。以前有很多明星，尤其是那些专上综艺节目的艺人，基本上都会一点模仿表演，学周杰伦，学杨坤，学刘欢，学张宇，每次都会引人发笑。只要抓住某人的某个特点，去练习模仿，表演得成功，就会成为你活跃气氛的法宝。

我之前提过，我在大学的时候自编自演了一个小品。在那个小品中，我是一个不合格的外科医生，给患者做手术的时候用吐沫和袖子来"消毒"。虽然我设计的小品是不合格的，表演也极为夸张，但在当时台下还是有很多人鼓掌欢呼。我后来仔细想了想，也许大家鼓掌并不是因为我演得有多好，而是因为我的表演出乎了他们的意料，给了他们惊喜。他们从没想过，像黄西这样老实巴交的人也会表演得这么夸张。

模仿另外一种文化也是常用的手法。比如希腊人个人空间比较小，说话时容易离对方特别近。印度人说话喜欢摇头，即使说 yes（是的）也要摇头。希腊人和印度人说话就很有看头。一方一个劲儿往前凑，另一方一边后退，一边摇头，这让人想起电影里被抢劫的场面。

低调

低调是夸张的反面。在超级英雄的世界里,有一生气就膨胀的绿巨人,也有会缩小的蚁人。蚁人是个自我感觉渺小但又起着重要作用的人。在段子创作时,低调可以起到很重要的作用。有一个比较流行的段子:我最近有个5亿元的项目。这个项目是国家扶持的。大家打破脑袋想投,已经万事俱备,就差250块钱,你能帮个忙不?

以下是低调的案例:

1.朋友的老板面试的时候告诉他,跟着他工作,一定可以"发发发"。后来他才知道,原来就是"发微博、发微信、发小广告"。

2.我和老婆出门旅游,上飞机前我说:"坏了,我好像忘记关掉家里的水龙头了!"我老婆说:"吓死我了,我以为你忘带相机了呢。"

3.朋友去相亲,约在公园门口见面,女孩到了之后给朋友打电话说找不到他。朋友说:"你看到高高的、穿红色衣服、戴帽子的帅哥了吗?"女孩高兴地说:"很显眼,看到了。"他说:"太好了,我就在他旁边。"

还有一种低调叫作自嘲：

4.一个朋友问："有人夸你大方,是真的吗？"我说："是真的,他说的是我的脸。"

5.我最近腿变长了,应该高兴,但也没什么值得高兴的。因为变长的是腿的周长。

6.上班后,很多同事带了特产。我说："我带来了肉！"他们问："在哪呢？"我说："在我身上！"

7.同事说女生送你零食就是对你有好感,但我不觉得是这样。如果送的是喜糖呢？

8."我在公司被评上了四大美女！"朋友问："评选根据是什么啊？"她说："年龄大！"

联想

联想是另外一个常用手法（也是一个没有赞助这本书的电脑品牌）。联想的过程既可以在脱口秀演员的头脑中产生，又可以在观众的头脑中产生。比如我说过，现在到处都是英文，而且最常见的一个单词儿就是 Wi-Fi（无线网络）。有些人发音不准，管它叫 wife，老婆的意思。其实 Wi-Fi 和老婆有很多共同点，比如没有 Wi-Fi 的时候特别想要 Wi-Fi，但有了 Wi-Fi 之后，你就会觉得邻居家的 Wi Fi 信号更强。这时候很多观众就开始联想了。

以下是联想的案例：

1.裤子上有洞也是一种时尚，是真的吗？我认为是假的，比如婴儿的开裆裤。

2.爱狗者问："你知道狗为什么从马桶里喝水吗？"我说："不知道。"他说："因为马桶里的水很凉。"我问："你怎么知道的？"（听众：他是从马桶里喝过水吧？哈哈哈）

3.车厘子就是樱桃，是真的吗？我认为是假的，樱桃小嘴能叫作车厘子小嘴吗？

应景

应景是用观众眼前的场景抖的包袱。我主持过一个"汉语桥"节目。这个节目是一个在美国的线下活动。他们要求我用英语主持。这个节目的主要内容是学汉语的美国人用汉语讲自己在中国的经历。我说:"今天是一个难得的中国人说英语,美国人说汉语的活动。"这就是应景。

以下是应景的案例:

应景可以结合节假日、社会新闻、时下热点等,这样会很快引起大家的共鸣。

比如,母亲节的时候,你可以讲一些妈妈说过的话:

1. 我妈说,你这么像你爸爸,将来怎么娶到媳妇,运气这个东西是不遗传的。

2. 幼儿园门口,我妈说,好好发挥你的特长,这是地球上唯一靠好好吃饭就能得奖的地方。

3. 我妈说,你现在不愿意拍照,长大了怎么证明你好看过?

4. 我妈说,上学时做操不要糊弄,转体运动时就能看见喜欢的人。

春节能说的就更多了:

1. 亲戚都在催婚,你就说:"过完年就结婚,请先给份子钱吧。"

2.家庭聚会上让你表演个节目,你就说:"没问题,我来个退堂鼓吧。"

3.春节出去旅游被宰了,你就说:"算了,就当给晚辈压岁钱了。"

4.别人说过年没有年味,你就说:"你闻闻这个韭菜馅饺子。"

5.好久不见的亲戚说你有双下巴,你就说:"这叫好事成双!"

方言

方言是在小品里面很常见的搞笑手段,而在小品里所谓的方言基本上都是东北方言。宋小宝小品里的一些口头禅就是我小时候和邻居说话常用的,但没有想到搬到舞台上能那么逗乐。

北方方言的优势是和普通话相近,比较容易理解。南方方言相对离普通话远一些,一些纯方言的段子很难让全国各地的人都理解。这一点让很多地方的喜剧演员很难被全国认识。

但是南方方言也是可以拿来讲观众都懂的段

子的。春晚小品里面有模仿福建口音的：我的老家是一个以 H 打头的省，胡建（福建）。我的大学同学是重庆人，同窗 5 年毕业的时候，我把他送到火车上，帮他抢了个座位，马上得离开的时候他和我说了一句话。我没听懂。大一的第一次运动会就听他说：我的孩子呢？我们大家都愣了，这位重庆同学有孩子了？后来才知道他说的是鞋子。

我常去上海做演出，刚开始还闹出过笑话。我提出一个建议，对方用上海方言说：灵啊（普通话是很好的意思）。我以为她是说：零！我在琢磨她的意思是在否定我吗？幸好我问了她到底是什么意思。在上海演出的时候我也讲了一个方言梗，我说我很高兴来到上海，因为我从小看《上海滩》，经常唱里面的主题歌。然后我唱了几句那首大家都熟悉的粤语歌《上海滩》。唱完了我说："所以我从小一直以为上海人讲粤语。"我不会讲上海话，但讲了一个和上海话有关的谜语：上海人想上海，打一个美国地名。谜底是：阿拉斯加（思家）。

英文里面也常用方言讲段子。我参演过一个电影《谎言的诞生》，摄制组一半是美国人，一半是英国人。即使英语都是母语，都在演艺圈，两个国家的工作人员沟通起来还是不顺，而且相互指责对方不懂英文。

我有一次和一个英国同学在美国的一家餐馆吃饭。服务生问我要喝什么，我说："Water(水)."服务生说："OK. Water." 然后对英国人说你要喝什么？这个英国同学说："Water."服务生说："What？"（什么？）同学说："Water！"服务生说："What？！"我当时非常感激这位英国同学，他来自一个发明了而且使用英语上千年的国家，他的英语不被人听懂，我的英语没有任何问题。他是利物浦人，那里人说water听上去和what的确有点儿相似。丘吉尔曾经说过："美国和英国是被同一种语言分开的两个国家。"

即使在美国境内，不同州的口语也大不相同。很多卡通片里面都有讲美国南方口音的角色，这种口音一般听上去反应比较慢。美国人说，德克萨斯口语是在手术台上最怕听到医生说的口音。因为德克萨斯给美国人的印象就是很落后，到处是牛仔，所以一听手术大夫有这口音就开始浮想联翻:"这个医生的学历是真的吗?他平时用手术刀多还是用枪多?他是开车来的还是骑马来的?"

我在德克萨斯上学和工作了8年。我讲过一个关于德克萨斯的段子:"我在德萨斯生活了8年,所以我决定还是保持中国口音。我其实也试图入乡随俗。我戴了个大牛仔帽,大腰带,留了个大胡子。结果大家都以为我是墨西哥人。我说 Howdy partner! 他们和我说 Hola!"(注:Howdy partner 是德克萨斯人打招呼的方式,意思是"你好,伙计!"Hola 是西班牙语"你好"的意思)

新英格兰是美国的东北部地区,那里人说话的特点是不发"r"这个音(不发儿化音,和北京话正好相反)。新英格兰口音也是卡通片里常听到的口音。

亚洲人讲英语更是有自己的特色。大家可以在网上看到我的中式英文。新加坡人讲英语在每句话后面加一个"啦"的声音。印度口音的搞笑力量大家可能有所耳闻。南非脱口秀演员说电影里面的大反派绝对不会是印度人，因为他们一讲英语大家就想笑。

附加包袱

任何一个敬业的脱口秀演员都会感觉自己说的段子其实永远都是不完美的。因为，段子的走向和包袱的抖法都是有很多可能性的。

简单的附加包袱就是在抖了包袱之后会再加一句和包袱有关的话，最好是把之前的包袱当作铺垫，再抖一个包袱出来。比如我讲过一个段子："我小时候最擅长的体育项目是打水漂。如果打的角度好，石子儿能在水上跳两到三次。冬天的时候能跳七八次。"观众脑补冬天在冰面上打水漂的场景会笑。然后我再加一句："当然，我水漂打得最好的时候是我炒股的时候。"作为附加包袱。

有的时候，附加包袱可以是很长的。

比如全世界都有那个第二只鞋什么时候落地的笑话。

中国版的是一个相声里的段子。一个人的楼上邻居下班晚，每天晚上脱鞋的时候把鞋往地上一扔。扔鞋产生的声音很大，以至于这个人经常被吵醒。这个人就去找楼上邻居，说能不能脱鞋的时候轻放。楼上邻居答应了。那天晚上，楼上邻居下班回来，脱一只鞋扔在地上。他突然想起来楼下邻居说他扔鞋的时候声音太大，然后把第二只鞋轻轻地放到地上了。过了好长时间，楼下邻居来敲门,问:你什么时候把第二只鞋放下?我等你放第二只鞋之后好睡觉呢!这已经抖了包袱了。如果你较劲儿,其实故事还是可以往下讲。比如第二天晚上,楼下的人听见楼上邻居回家,把两只鞋都扔地上的声音之后就安心睡着了。不一会儿,他被第三只鞋的声音吵醒了……

回应

回应是一个让你抖的包袱更耐用的方法,英文叫 call back。这个手法在电影电视剧里很常见。在电影开始的时候有个貌似无关痛痒的细节,比如男主角给了乞丐一些零钱。之后的情节里,这个乞丐可能会突然变得很重要,比如会告诉男主角,他在追的女孩往东走了。

在脱口秀里面,这个手法的用法是——你要先讲一个段子,然后在几个话题之后讲另外一个段子的时候再用同样的包袱。

这里面有两点很关键：

1. 你第一次讲的包袱要响。

2. 第二次用同样的包袱的时候最好有关联。

比如我说，我昨天和老婆逛街，一进商场老婆就没了。这点和 Wi-Fi 一样。那么，第一个段子和第二个回应段子中间应该隔多长时间呢？一般最少要隔一个段子，最多可以隔两个段子。这个手法在很多地方都特别好用，但不知道为什么这个手法在上海不大管用。在上海，肢体动作强的段子更受欢迎一些，这也可能是和上海的滑稽剧传统有关。

肢体动作

肢体动作也是段子创作和表演的一大技巧。美国的金·凯瑞，中国的周立波都是这个领域的集大成者。赵本山在女人面前紧张害羞地低着头用脚在地上搓泥儿的动作也是经典中的经典。我也在舞台上模仿过冰块儿在饮料上面漂浮的样子。

我们上面讲的种种技巧为的都是一个目的：抖包袱。有人问我包袱一般是什么样的？有没有规律可循？我认为任何一个词儿、一句话，甚至一个动作和表情都可以是包袱，只要你将铺垫和节奏设计好就行。

每个脱口秀表演者擅长的技巧都不大一样，但你的幽默最好有多重技巧，否则也会枯燥。有些二人转演员把很大的功夫都下在押韵上面，听起来很逗，但时间长了也会让人产生一种腻烦的感觉。

脱口秀从业者应该有个习惯，就是没事儿把自己写的段子拎出来，看看铺垫里面有没有和包袱没有关系的字，有的话就剔除出去。有人问米开朗基罗："你是怎么雕刻出大卫的？"他说："我把一块儿石头上所有不是大卫的地方都去掉。"好的段子也一样，要把不是段子的地方都去掉。这么做还有一个好处，就是让听众思路更清晰。魔术需要一个美女分神。脱口秀需要观众精神集中。如果你想让观众笑，那就让大家精神集中。

当然最重要的段子写作技巧就是：不带手机。不带手机才有可能专注，才有可能做事。当然，段子是否好笑取决于观众的喜爱程度。这里面就涉及表演问题了。

我们讲了这么多创作技巧，也聊了段子大概长啥样儿。但是怎样才能完成从铺垫到包袱的跳跃呢？

我的建议是——你先把自己要讲的故事或观点写出来，然后用我们上面讲的技巧（反向思维、事不过三等）多写几个故事的结局或观点的结论。然后比较一下哪个技巧更好笑一些。

相信经过对这些技巧有针对性地反复学习和模仿,逐渐找到适合自己的幽默点后,你一定会完成从铺垫到包袱的跳跃。

第四章
没有幽默沟通 搞不定的人际关系

幽默让恋爱多一点甜

生活中，一对一幽默技巧最可以派得上用场的地方恐怕就要属恋爱了。

很多人,以我为代表,在恋爱的时候极其自卑。在资源和信息相对匮乏的年代，我对爱情的理解和想象还停留在从电影和小说里面看到的那些内容。电影里面的人对情感把控得极其到位，说出的话可以分分钟打开对方的心扉。有了这么高的标准，对比之下的后果就是我见到女孩就觉得自己会出错。

有一次见女朋友，本来两个人很浪漫地看烟

火，我一时兴起和她说："你看天上，黄色的是钠，蓝色的是钾。"对比爱情小说里面的人说"在爱情里不需要说对不起"之类的话，我的话无疑是好多人吐槽的理工直男幽默了。

多年后我才明白，那些小说、电影都是作家写的。他们每天写几千字、上万字，一写就是好多年，最后只有一本书被大家看到，被大家记住。估计这种话，作家们当着女人的面儿可能也说不出来。同样如此，有时候，你自己想好了、写好了的话，在自己喜欢的女孩儿的面前也很可能说不出来。

大家都想把恋情搞得有意思甚至有意义一些，怎么办？

第一，放松。要记住一句话：情人眼里出卓别林。

我记得只要笑坊脱口秀俱乐部里面的一位帅哥一上台，女孩们就开始笑了。

如果你是个脱口秀新手，想在男朋友或女朋友面前练段子，那其实是很糟糕的一件事，因为让认识你的人笑的东西常常不会让观众笑。

我是一个小地方长大的理工男，我很理解理工男在女孩儿面前会有多拘谨。在女孩儿面前要想自信的一个办法就是：提醒自己，她其实是看得出来你为她付出的努力，包括你为克服拘谨做出的各种努力。

第二，恋爱就像是一场只有一位观众的互动脱口秀。细想想脱口秀的几个要素和原则：破冰＋技巧＋积累＋走心。

看上去是不是很像一个完整的恋爱过程呢？谈恋爱时，讲脱口秀的技巧其实你都用得上，而且你的观众要比其他观众好应付得多。

首先，她已经做到了其他观众不容易做到的事情：她的注意力已经完全放在了你的身上。

所以你不妨记住一个自己在朋友圈子里最受欢迎的段子或者笑话。当然如果是刚认识的女孩儿，你讲的段子一定要得体一些。

没有哪个演员一上台就能自信满满让人爆笑的。得先打个招呼，介绍一下自己，铺垫一下，然后再甩包袱。有时候包袱不响，就需要换个方式再抖。

谈恋爱也是一样，不能操之过急，需要铺垫，反复尝试，才能慢慢找出合适的相处模式。

我相信不会有人一点儿甜言蜜语的话都没有说就恋爱成功的。

所以情话一定要说。

怎么说？可以用很幽默的方式来说。比如：如果爱上你是犯罪，那我希望在你心里服无期徒刑。或者：认识你之前我一直想独唱，认识你以后我想二人转。有个历史专业的同学在表白时说得很妙，从今天开始让我们一起写我们的家谱吧！

在爱情里你是主角，珍惜这个机会，想如何打动对方的心就尽情发挥出来吧。

情人眼里出卓别林。如果在对方面前出现了冷场或者尴尬也是无伤大雅的。而且情话这种东西无所谓真假，只要是真心喜欢着对方，替对方着想，你的另一半一定都爱听。你可以在脑子里先斟酌一下，也可以在上洗手间的时候多练几次。你有好友的话可以在他面前先演练一下，如果你把他都打动了，那么幽默效果也就基本达成了。别觉得这些努力徒劳无益。女孩儿如果知道你在逗她开心的路上花费了这么多努力和心思，她一定会很高兴和感动的。很多人说女孩儿是被感动以后才坠入爱河的。

这话真实度绝对很高。

吃高雅的浪漫晚餐时，很多人都想表现的像电视剧里呈现出的那样，优雅而从容，其实真实情况下你会很拘谨，所以我们不妨表现得笨拙一点，制造出一种反差；看电影的时候，尤其是恐怖片，男生表现得更胆小一点，女生表现得更汉子一些，同样能带来反差的喜感；看综艺节目的时候，我们可以尽情拿里面的主持人和嘉宾开涮："看，上一次黄西比女主持人要高，这次怎么反而矮了？是不是增高垫洗了没干忘穿了？"

压马路的时候，我们可以选择说一些自在有趣的话来放松一下紧绷的心情。

送生日礼物的时候，我们可以选择一些有烘托气氛的话语："我路过橱窗看到了一条项链，觉得高贵、典雅、完美，和你的气质很配，所以我用手机把它拍了下来，打印出来送给你……"

和一个人在一起是因为爱，而要维持这段关系则需要责任和彼此的信任。就像我们既然选择站上舞台，就不能中途退场是相同的道理。如果是因为自身的原因，段子没有说完就半路下场，这既是对自己的不负责任，也是对观众的不尊重。

和脱口秀一样，恋爱是一个需要不断磨炼的过程。一句话、一个段子，或者一整个约会都没搞好，没关系，赶紧再约下一次。如果约不上也没关系。你就把上次约会要说的话发到她的微信里，或者写成信发给她。世界上永远没有"太晚了"的事儿，只有没有去做的事儿。

一个脱口秀明星能火起来一方面要讲得好，讲得逗。另一方面就是要懂得无论遇到任何场合都能从容展示自己的才能，比如综艺节目、访谈、影视剧等。不同的场景应该有不同的展现技巧。

恋爱也是一样，你不能总想着去同一个地方，这是非常偷懒的方法。有人甚至建议在第一次约会带女孩儿去不同的地方。因为，在第一个场景下，你可能和周围其他人一样，对她来讲都是陌生人。换到了第二个场景，你就迅速变成了她唯一的熟人。

但不管朋友同学如何宽慰你，你还是存在心理障碍，感觉站在女孩儿面前就非常不自信，这种情况该怎么办？

我有一个非常内向的朋友，好不容易鼓起勇气追到了自己喜欢的女生，那女生其实也非常喜欢他，可是临到结婚的时候他却退缩了。他总是担心自己没有能力给女孩儿一份好的生活，他又不愿意把这份担忧和女孩儿分享，因此陷入了深深的苦恼，整宿整宿睡不好觉，脾气也因此变得越来越大。

我劝说过他,他听从了我的劝说,向我借钱结了婚,给了对方一个交代。

虽然现在他和他老婆已经好几年不和我联系了,钱也没还我,但据说俩人过得可好了。

即便一段感情最终以失败告终,我们也不要因此悲伤和陷入自我贬低。这就像一场脱口秀走到了尾声,即使没有人喝彩,我们也要学会礼貌地鞠躬谢幕。即使演出的效果可能没有达到预期,但是你要感谢人家让你知道了哪个段子值得保留,哪个段子得扔掉或者需要重新修改。这是对他人的感恩,也是对自己所做一切的肯定。

能在一起就是缘分,时间再短,也是美好的回忆。难道不是这个道理吗?

恋爱的时候，大家对未来都充满了无限期待与憧憬，所以当走到了失恋的地步才会变得如此痛苦。这就像是幽默，充满了对不完美人生的各种生动临摹与刻画。所以没有一定阅历的人也不会明白参透幽默里蕴含的人生真谛。

歌德说过："没有在长夜痛哭过的人不配谈人生。"让自己专心难过一段时间以后拿自己开开玩笑，然后交交新朋友，不行就来次说走就走的旅行。阅尽千帆后，你就会豁然发现，与这世间各种愁苦相比，自己那点儿愁情烦事是何等渺小，又何必放在心头久久不能释怀呢？

我记得第一次有中文媒体报道我讲脱口秀的事情，他们用了一个词儿来形容我：其貌不扬。

我当时吃了一惊。之前，很少有人告诉我，说我长得丑。看了这个报道之后，我回顾了一下自己"自以为帅"的人生。

那个时候，我为了吸引女孩儿们的注意，故意不去和她们说话，只是安静地站在角落里，好让我的魅力自然而然发散出来。不知道有多少理科直男和我有着同样的想法，做一枚安静沉稳内敛的美男子，期待着别人发现你与众不同的魅力。其实这招儿并不好使，尤其当你的颜值中等偏下的时候。

我对我的太太是一见钟情，因为她有我见到过的最美的笑容。为了追到她，我使出了浑身解数。当她最终同意我们见面的时候，我别提有多开心了。只是当我提出想同她继续约会的时候，她却告诉我她已经有男朋友了。我当时很沮丧，犹豫着是不是应该放弃对她的追求。但是内心对这段恋情的渴望还是让我鼓足勇气继续追她。我想了一大堆想说的话，想做的事儿，但真等见到她的时候，却完全用任何语言都无法表达出我波涛澎湃的心情。于是，我想到了一个补救的办法：给她写信。在信里，我可以把我想说却说不出口的东西都一笔一画地写出来。我写信的水平不高，用的辞藻也不够华丽，但最起码我这个理工直男尽了我最大的努力，我相信我一定能感动到她。

当今时代，很多人恋爱的第一步是从相亲开始的。假如你要去相亲，事先看了照片和资料，觉得对方有可能是你心仪的女孩，那么为了讨对方欢心,你就必须得做好准备。哪些方面的段子对方可能会喜欢呢?

如果对方是金融从业者,你可以和对方讲一些与金融相关的内容,比如银行、股票等。

如果对方是文艺青年,你们可以聊聊喜欢的电影、作家、音乐之类的。

如果对方只是普通的写字楼白领,你可以准备一些职场、网购、宠物、时尚之类的段子。

如果对方是做媒体的,那么热点社会话题是必不可少的,这样的段子要具有一定的话题和时效性,不妨提前在网上多搜集一些相关的内容和素材。

最关键的是,话题中如果多了幽默段子,那聊天的气氛一定会瞬间热起来。

还有一些通用的段子，不管对方什么职业都会喜欢，比如房价、娱乐八卦、情感，等等。

如果对方是个女脱口秀演员，那你最好闭嘴，赶紧结账走人，因为她们也许并不是在相亲，而是想从你身上找点素材写段子。

相亲之前应该做好最坏的打算，很多相亲对象的问题都会非常直白甚至很残酷，比如会直接单刀直入地问你有没有买房的打算，在哪儿买房？父母是城市还是农村的？月薪多少？这些问题很难躲得过去。尤其是在城市里，大家的时间成本都很高，都会尽可能快速地挖到对方的详细情况。

在做好最坏打算的同时，你还是要尽量让整个沟通过程多一些欢声笑语，可以讲讲段子和好玩儿的个人经历。同时，尽量多了解一下对方的兴趣爱好，这样如果对方对你感兴趣，就知道下次约会可以做些什么了。

友情中的幽默

我显然是个"见色忘友"的人,现在才想起来讲怎么让自己和朋友相处融洽这个话题。有人说知己是人生最大的财富,没有友谊的人生不叫完整的人生。我也是这样认为的。心理学家们也在倡导,每个星期要和朋友或闺蜜至少聚上一次,喝喝酒聊聊天儿唱唱歌什么的,这样非常有利于身体的健康。

俗话说,患难见真情。当你患难的时候是否有一些能陪你一起共渡难关的朋友呢?我交往的朋友中很多都是从小一起玩儿出来的挚交。

我现在都清楚地记得，我们玩玻璃球的起点线用的是一堵墙投下的影子。随着时间的推移，影子的位置一直变。有一天，几个小朋友玩得正起劲儿，班主任突然出现了。她让我们几个人站成一排，在每个人的小腿上用高跟皮鞋狠狠地踢了一脚，然后警告说，如果我们不老老实实地回家，她会把我们都送到劳改学校。

20多年后，我爸得了脑膜炎。当时，我远在美国，不能及时赶到国内。那个陪我玩玻璃球的发小在北京叫了救护车把我爸接到了医院，并进行了及时的治疗，才使我爸逃过了鬼门关。

大家都喜欢和相处起来开心并且幽默的人成

为好朋友。无论是在学校，还是在公司，那些能逗大家开心的人也都很有人气。很多喜剧演员小的时候是大活宝，但也有很多不是。很多人在舞台下面很逗，一到了舞台上反而什么搞笑的段子都说不出来了。

和朋友交往和讲脱口秀的规律一样。首先要让对方慢慢了解自己。每个人都有几个自己成长过程中的故事、趣事。这些故事一般都是自己家人都听腻了的，但可以给新朋友讲一些，以便拉近距离。我有个朋友就曾经和我们说起，她在北大附中读书的时候有一次被车撞了。在去医院检查后，大夫说没事可以出院。她回家后实在痛得受不了。第二天她爸用自行车把她又送到医院，结果内出血，需要马上住院。校长还专门来看她，说是听说北大附中有两个学生被车撞了。后来她发现，另一个被撞的孩子上的是人大附中。她当时心里真实的想法是：怎么可以把我一个北大附中的学生和一个人大附中的学生相提并论呢？！一听到这样的故事你就能明白：这一定是个要强的学霸了。

我回国的时候常有朋友问我美国是什么样子的？大家是不是也很爱攀比物价、房价、饮食习惯、兴趣爱好等。我自己更喜欢讲一些美国普通人的故事。我是草根脱口秀演员兼"二等公民（非白人移民）"，对当地老百姓的生活更了解。

我有一位来自内布拉斯加州的朋友叫史蒂夫，长得帅，性格开朗，跟周围的人相处得特别融洽。

我们公司的几位同事喜欢一起玩儿德州扑克。

一般太太们总是不大同意我们玩牌这件事情，但是史蒂夫却总有办法把太太说得开开心心地同意他去玩。

突然有一天我们惊闻史蒂夫因为夜游症大半夜地从三楼摔下来与世长辞的噩耗。当时他才 30 岁，大家都非常难过。

史蒂夫的葬礼安排在麻省理工学院的教堂举行。他的家人、公司领导和同事纷纷上台致辞表达对史蒂夫离去的不舍和悼念。

轮到我上台的时候，我环顾了一下四周，发现大家都流着眼泪沉浸在悲痛的气氛中。

是呀，一个好人 30 岁就这样走了也真是没有天理啊！

但是史蒂夫希望为他送行的除了亲朋好友间的道别和眼泪，是否还有其他的什么东西？

我想应该是笑声，那些他生前和我们相处时最留恋的笑声。

所以我讲了一个名叫"西杂交"①的实验。

曾经有一次他信誓旦旦地和我说："今天是我的西杂交星期一！"后来我们这些理工直男发现其实他还有"西杂交星期二"、"西杂交星期三"，都会心地哈哈大笑。现在听起来这可能不是一个特别好的段子，却从侧面衬托出他做实验即使不成功也不轻言放弃的那股子执着劲儿。

在这个悲哀沉重的场合里讲了个段子也是一种情绪的释放，所以大家都笑了。

---

① 西杂交实验（Western Blot），即蛋白质印迹法，也叫免疫印迹试验，是由瑞士米歇尔弗雷德里希生物研究所在1979年提出的，是分子生物学、生物化学和免疫遗传学中常用的一种实验方法，现已广泛应用于基因在蛋白水平的表达研究、抗体活性检测和疾病早期诊断等多个方面。

你也许会说葬礼上讲段子，在美国可以，但在中国可绝对不行。

我个人觉得这要分场合。在现代都市环境下，同事朋友有可能比家人还要亲密，讲个和死者生前有关的段子可能还是个比较好的释放悲哀情绪的好方法。

我认识的一个脱口秀演员的梦想是去篮球名人堂。这个名人堂坐落在伊利诺伊州首府的春田市（Springfield），离波士顿大概只需一个半小时车程。这个40多岁的朋友一辈子住在波士顿，在那儿出生，长大，上学和工作。他常常提起去篮球名人堂的事儿，却一次都没有去过。对我这个不远万里从中国来的朋友来说，简直是匪夷所思。

2008年金融海啸，我看见美国朋友家突然多了两台车。我开始还很好奇，为什么经济这么不好他们还买得起车。后来我才发现，原来是美国朋友的孩子丢了工作搬回来住了。很多失业的年轻人宁愿在星巴克坐着喝咖啡，也不愿意出去闯一闯。

几个朋友在一起，大家说的段子大多是大家的共同朋友（尤其是当时不在场的朋友）的故事，所以，朋友聚会得去，否则他们谈论的内容很可能与你有关。随着聊天时间的延长，话题也逐渐枯竭。这时候就需要一些搞笑的段子来活跃气氛了。你那些储备的和新创作的段子也就有了用武之地。

我在做第一份工作的时候需要和年轻的朋友打交道,所以经常会约着一起去学射击,玩儿桌球,打高尔夫,打网球或者在酒吧聊天等。那时候大家常拿一个加拿大工程师同事开涮。这个工程师特别自大。大家在说起这位同事的时候调侃道:"吉姆是我们公司最好的工程师。"我说:"这话说得可不对。正确的说法是,我来之前吉姆是我们公司最好的工程师。"大家听完后忍不住哈哈大笑。

在这位工程师看来,每次他的工作出了问题都是别的同事的问题,或是我们的竞争对手偷偷来搞破坏造成的后果。当时我们的竞争对手远在千里之外的加利福尼亚州,他的借口一听就是杜撰出来的。连公司高管都会背着他抱怨:"真想在他肚子上打一拳!"但大家都是有涵养的人,不想当他的面儿让他难堪。我倒是有一些东北人的脾气。有一次，他又在不懂装懂瞎掰。我实在受不了了，冲他吼了几句。他一气之下回家了。

等气消了，我觉得很过意不去，于是向他道了个歉。他不仅原谅了我，而且还把我当成了他的朋友。就这样，我成了这个大家都不喜欢的人的唯一的朋友。尽管因为和他成了朋友，我得听他吹牛，唱他编的歌曲，而且失去了其他极其讨厌他的朋友们，但我还是学到了一个教训：不能乱发脾气，否则你可能会有一个大家都不想有的朋友。当然这种教训不是吃几次亏就能记得住的。

择友要慎重，是很多人都会讲的话。所以脱口秀要素里面的积累和走心就用得上了。和积累段子一样，你要学会积累和朋友相处的故事或段子，而且要走心。如果你想交真心实意对你好的朋友，你就要先表现出真诚的姿态。

岁月是把杀猪刀。对脱口秀来讲，岁月是一把刻刀，它把你的幽默感精雕细刻成了最好的段子。友谊也是一样，最真挚的友谊是经得住岁月考验的。

面试中的幽默

面试，一方面决定面试者能否找到一个合适的工作养家糊口，另一方面又关系着公司能否找到可以帮助公司共克难关的重要伙伴，所以面试对双方都至关重要。面试的时候适当用一些小幽默会让大家对你的印象更加深刻，从而大大提高录用率。面试之前，用人单位一般已经对你有了一定的了解，知道你符合他们的基本要求，让你来面试很大程度上是因为对方想知道你们是否合得来，能否一起共事。

曾有人问过我在美国的导师这样一个问题："今天感觉怎么样？"他说："今天是我灰暗人生里最黑暗的一天。"之后，我的导师就被录用成了助理教授。拿自己开玩笑在这里使用得非常合适。当然，他能拿到这个位置说明他具有很强的实力。但很多人实力都很强，这个时候就要看谁能够更好地展示自我了。

这个例子里面很明显的一点就是——面试者其实可以提前做很多准备。你可以多准备一些幽默的小段子以备不时之需。这份后备计划很重要，因为它可以让你知道自己的退路在哪里，让你更自信。

首先，我们可以在自我介绍时就植入幽默。这点我们前面有一节说过。我们可以找到自己名字的趣味点,并将这个趣味点,植入自我介绍之中。比如我有个朋友叫张海飞。他介绍的时候就说,你记住海飞丝就行了。如果你的名字没这么有特色,比如刘卫东。你可以说:我叫刘卫东,刘卫东的刘,刘卫东的卫,刘卫东的东。这样你至少提了4次自己的名字,可以让对方深刻记住你。

当然,面试的时候最重要的还是要具备匹配这份工作的能力。当你具备了这项能力之后,如果能进一步用幽默包装这项能力,就能使这项能力更加光彩夺目。

比如有一次我去脱口秀俱乐部面试。老板就问我最擅长什么。我想了想,说,我白天在实验室工作,我最擅长的事情就是研究癌症。我发现癌症病人最需要的不是抗癌药,而是快乐。所以我想改行说脱口秀。

老板很欣赏我说:"我被你的才华和目标感动了。这样,你先去门口拉两个客人进来消费,我就让你上台表演。"

还有面试官最喜欢问的一个问题:"你为什么从上一家公司辞职?"

这个问题其实充满了陷阱,你说上家好也不对,说上家不好那更不对,因此你可以回答得无厘头一点,比如"我其实是为了实现自己伟大而光荣的理想!"

当然,最后一定要了解薪资待遇等诸多问题。对方也许会问:"你对薪资待遇有什么标准和期待?"我知道,这类问题我们似乎不好意思或者不方便直接说出口，那我教你们一个办法，既能让你觉得不尴尬，又能准确表达你的愿望。

你可以拿出手机，打开微信，然后给他们看一条微信。

"其实我这人怎样都无所谓，但我女朋友是个有所谓的人。这是她对薪资待遇的要求，我无条件服从她的旨意。"

面试和相亲一样，争取对方的好感很重要。所以面试中你要注意运用人格观察技巧。如果对方是外向型的，你可以问她/他一些关于他们公司甚至是个人爱好的话题。如果你已经把自己想说的，自己简历上没有的话都说完了，不妨让外向型的对方多说一些。如果对方偏内向型的人格，你可以稍稍夸一下对方或对方的公司，或拿自己开个小玩笑。如果对方偏理性的人格,你可以就一件具体的事分析一下你的观点和想法。有了这些和对方性格吻合的沟通方式,面试官对你的印象分肯定会大大提高。

和同事日常相处的幽默沟通

95%的人选择工作时既想获得稳定的收入来源，同时又希望工作能够轻松自在。但很遗憾，在现实生活中，大多数人需要把人生大部分时间和精力都投入到工作中去。在工作之余，与同事的聚餐也是避免不了的。我们可以尽量不出风头，默默保持自己的人设，不要刻意去讨好领导或者过分亲近其他同事，同时在别人抛过来话题时，能够运用自己的幽默接上话。

比如你在与同事闲聊时可以说："你怎么吃

那么少啊？是不是在替我减肥啊？"这既恭维了对方，又拿自己开了玩笑。

当然，最好是你有一项专属技能，能让你一鸣惊人。

我有个朋友，他不怎么爱说话，但他唱歌唱得非常好。每次同事聚餐时，他很少说话。而当我们聚餐之后去KTV唱歌时，他立马就可以震住在场所有的人。

很多时候，你能不能放松取决于你对环境的熟悉程度。我曾有6年没去KTV，有一次因为合作伙伴的关系去了一次。有个女孩过来对我说："我唱歌的时候你为什么盯着我看？"其实，我是觉得她在表演，我作为一个合格的观众最起码得看啊。而且我还很同情她，因为在她唱歌时，周围的人都在聊天喝酒吃东西。

和同事相处的关键是要学会认真听对方在说什么。然后，你可以用即兴喜剧中的同意技巧"Yes and"，先表示同意或同情，继而用脱口秀创作技巧来抖几个包袱。这种做法的好处是会让对方觉得你有在认真听他/她说什么，你的思维在线且很有趣。

和客户之间的沟通

中国自古注重人情往来，是礼仪之邦。相比而言，美国的人际交往则显得更为直接。比如我在美国的时候和莱特曼的公司员工一起去好莱坞聊情景喜剧或脱口秀节目。开会之前，我的经理人说，我不用特意去逗大家笑来证明我是个幽默的人，因为大家能在一起开会就说明对方已经认可你。大家主要把精力用来聊节目形式和合作方式就行了。

在中国要想尽快把业务展开，或把自己的想法卖出去就必须很快和客户拉近关系。在大城市喝酒谈生意的事情逐渐少了，但一些应酬还是很重要。

如果你能够用幽默来迅速拉近与对方之间的距离，就能占得优势，节省时间和精力。这时候需要你做些功课，比如要对对方的年龄、个人经历、喜好等提前有所了解。然后根据这些信息讲些相关的段子。这里面的套路可以参考一下我们之前聊的相亲和面试的幽默技巧。当然，这个时候最好不要拿对方吐槽。拿自己开涮是永远没问题的。

婚礼上的幽默

在婚礼上需要发言的情况常常会发生,不过好处是,作为嘉宾的我们虽然上台了,但并不是现场的焦点,所以可以放松心情,不用太紧张。

那说什么呢?这里面也有一个诀窍,就是尽可能说些调侃新郎的笑话。一方面,今天是朋友大喜的日子,你调侃他,他不但不会生气,还能证明你们之间的关系有多亲密;另一方面,台下的嘉宾并不在意你们之间的友情有多好,他们只想求个乐子。

我觉得最有意思的是,郭富城结婚时,他岳

父说的那句话:"女婿啊,我是听你的歌长大的!"

诸如此类。记住,出于对女性的尊重,尽量调侃新郎,而不是新娘。

和亲戚朋友间的幽默

这个其实也不难,大家可以把自己想象成一个脱口秀演员,想办一档自己的专属脱口秀节目,而这叔叔阿姨就是你的金主。知道该怎么办了吧?三个字:使劲夸。

在与另一半的父母见面的时候:

"某某一直给我的印象是非常有家教,今日见了您二位,我才知道自己的感觉没有错!"

"阿姨,您气质真好,以前是不是拍过广告?

我好像在家里挂历上看到过您的照片。"

当然,要记住,你在老人面前无论怎么夸,在适当的时候也要严肃一下,比如谈到对爱人的情感和责任上一定要语气严肃诚恳,否则容易给人留下油滑的印象。

大家在聚会的时候,尤其是与一些不是特别熟的人聚会的时候,都会有突然大家都没话说的场景发生。这种冷场是有调节方法的,可以说:"哇,感觉现场好尴尬啊!"因为这话应景,所以大家可能会笑起来。但是如果大家笑完之后还是没话说,那就更尴尬了。所以最好的解决冷场的方法就是有段子储备。

比如,你去参加孩子学校的活动,与其他家长待在一起。大家不熟,但又好像必须要说话,怎么办？不妨甩一个段子。

"昨天孩子在亲戚朋友面前夸自己的父母，结果我太太却很不高兴。"

这时候对方肯定好奇，问："他说什么了？"

"说我俩有夫妻相。"（我颜值不高，妻子听了肯定会不高兴。）

随着笑声的出现，现场气氛很快就会轻松下来。

父母和孩子之间的幽默沟通

现在很多子女离父母比较远,不经常回家,即使抽时间看父母的时候也总是在看手机。

我也不例外。终于有一天我觉得这么做太对不起我爸妈,我决定不带手机去看他们。到了那里才发现,他们俩一个劲儿在看手机!

我在美国的时候,每周都要给爸妈打个电话报个平安,偶尔也会抱怨一下。每次当我抱怨的时候,我爸都会说:"会好起来的。"我当时觉得我爸过于简单,过于乐观。但过一段时间我发现，在艰难的时候的确需要有简单的乐观，甚至盲目乐观也会有帮助。

在有孩子以后，我才明白父亲为什么老是那么乐观，仿佛在他的天空里没有一丝乌云，尽管他年轻时经历过自然灾害、战争的动荡、工作单位效益不好等问题。因为，在孩子面前自己的问题都是小事，儿子的成长和健康才是最重要的。

我曾经是一个很怕孩子的人，觉得他们不知道什么时候就会哭闹起来。但当自己有了孩子以后，我的观点发生了很大的变化。我已经完全想象不出来怎么能没有孩子。

在我儿子两岁多的时候，他的幼儿园老师对我说："你儿子给我讲段子，而且他给我讲段子的时候知道自己是在讲段子。"

我儿子经常要求我给他讲故事。我接送他去幼儿园的路上他就会说:"爸,你给我讲一个关于电线杆子、树和邮筒的故事呗!"或者是:"爸,你给我讲一个关于蜘蛛侠、超人和雷神的故事呗!"我就给他编故事,有的时候说着说着能把他逗笑了。但很多时候他会逗我笑。为什么孩子带给我们这么多笑声?因为,他们天真,善于模仿。天真可以戳破很多成人世界的附庸风雅和墨守成规。我问我儿子:"你想要孩子吗?"他说:"不想要。"我问:"为什么?"他说:"有孩子多烦啊!"

孩子成长需要父母的细心照料、陪伴和严格要求,同时也需要欢乐。在孩子小的时候,你讲几个简单的笑话，或者谜语等可以轻易把他逗乐。我一直喜欢和儿子傻玩儿，逗他开心，所以他好长时间都以为我挺傻的。到了初中他有几个数学题不会做，在我帮他做出来之后他大吃一惊："爸，你其实挺聪明的啊！"

我常常在晚上讲完脱口秀以后就立马回家。其他演员说我像一个忍者，突然出现又突然消失，很少和大家在演出结束后一起喝一杯。我在莱特曼秀节目里的表演播出的时候，大家一起在一个酒吧里面看这个节目，边看边欢呼。而我自己当时正在家里哄孩子睡觉。

我刚回国的时候在一个节目录制过程中需要提道："我感觉很孤独，因为我老婆孩子还在美国。"工作人员告诉我说，你这么讲大家不会同情你,还以为你是在炫耀老婆孩子在国外的事。

在一次采访中,任志强曾说过:"很多员工会把老婆孩子留在教育条件好的城市,自己则在另一个地方工作。"我说我是舍不得这么做的。他说那等你孩子长大成人以后,你干什么?任总的分析不无道理,很多人的成功是牺牲家庭生活换来的。

怎么和自己的父母愉快沟通呢?之前讲过孩子能够给我们带来笑声。孩子能够逗大人笑最重要的原因就是他们是我们的孩子。记住这一点,你就知道怎么和父母愉快沟通了:你只要和他们聊聊天就行,只要和他们真诚一点就行。在父母心目中,你一直就是他们的喜剧明星,你的童年和少年时代就已经在他们心中树立起了喜剧明星的地位,你的出现本身就可以让他们开心起来。

这就是家人。

尾声
不断尝试，不怕试错，我永远在幽默的路上

我写这本书的目的是输出一个观点：人生和社会极其复杂，好像是一场永无休止的竞争，但不管输赢，千万不要忘了生活得开心顺意才是最重要的。

我的一个朋友说得好："你幼儿园学会了2加2等于4。我小学三年级才学会，但我也学会了。"即使你暂时比别人落后一段儿，也可以通过慢慢地学习赶上去，同时可以在其他方面超过别人。

虽然中国在使用信用卡上比美国落后好多年，但这却是后来移动支付飞跃发展超过美国的一个先天优势。

我们常在电影里，尤其是美国电影里，看到艺术家突然获得灵感而大获成功。国内也有一句话叫作一夜成名。我们当然不排除这种可能性，也不能说你永远不会中彩票，但我们可以基本上按照这类事情不会发生的情况去安排自己的生活。如果你想靠幽默成功，那就得同时做好不成功的打算。

那"不成功为什么还要去做？"我认为主要是因为爱。

如果你尝试一件事情失败了，但还想去做，那这事儿可能就是你应该终生为之奋斗的事业了。

我做过很多事儿，比如科研、高尔夫、射击、舞蹈，等等。但这些事情我失败了几次就没兴趣了。唯独脱口秀，我是讲砸了，还想去讲；别人说我讲得不好，我还是想去讲。由此，我发现我爱脱口秀，这应该就是我终生为之奋斗的事业了。

保持幽默心态的一个办法就是把人生当成一场戏，用看热闹的心态来看待自己的人生、自己接触的人和事儿，然后把这一切都编成段子并付之一笑。这样可以让人生更轻松一些，让大家的理解和沟通也更容易一些。把自己的人生过成像情景喜剧的样子是种能力，是种让自己幸福的能力。

那就用时间把悲剧熬出喜剧的色彩。

有的时候甚至都不需要时间。看《港囧》这部电影的时候，大家笑得最厉害的时候就是三个主角在楼顶连骂带诉苦那一段。人生其实很奇怪，虽然每个人的人生境遇不同，但到了最后大家的结局都是死亡。而且年纪大的时候反而是活得最明白的时候。这是这个世界上最大的笑话，也是最大的一个悲剧。就看你怎么去看它。你可以选择把它看成是悲剧，也可以把它看成是喜剧。

我和很多其他脱口秀演员一样，把人生这种徒劳看成一个大笑话。在人生这个大笑话里，我们每天甚至每时每刻都在看到和想到小的笑话和幽默。米尔顿·伯利（Milton Berle）曾经讲过一个关于年龄的段子：我一把年纪，买香蕉都不敢买绿的。意思就是怕活不到香蕉熟了。

我们永远不知道未来是什么样子的。我也不试图把一个天性悲观的人改成乐观的人。但是不管你是悲观派，还是乐观派，你都可以活得开心。这个听上去比较矛盾：悲观的人怎么会开心呢？

那就用我们书里聊过的各种技巧和办法，把自己的窘迫编成段子写出来或者说出来。如果你用书中的技巧和办法编写的段子能够博得你会心一笑，那么我晚上睡觉都会乐得露出后槽牙的。

最后祝大家都能够找到不怕试错，敢于不断迎接挑战的勇气，成为一个幽默、自在、随心的生活弄潮儿，给别人带来欢乐，也给自己带来纯粹的快乐。